구글은 SKY를 모른다

구글러·시골러

이준영 지음

알투스

초판 1쇄 발행 2014년 6월 5일
초판 6쇄 발행 2016년 6월 15일

지은이 이준영

펴낸이 손은주 편집주간 이선화 마케팅 손은숙
경영자문 권미숙 본문 디자인 Erin

주소 서울시 마포구 공덕동 404 풍림빌딩 424
문의전화 070-8835-1021(편집) 주문전화 02-394-1027(마케팅)
팩스 02-394-1023
이메일 bookaltus@hanmail.net

발행처 (주) 도서출판 알투스
출판신고 2011년 10월 19일 제25100-2011-300호

ⓒ 이준영, 2014
ISBN 978-89-968088-9-3 13320

이 도서의 국립중앙도서관 출판시 도서목록(CIP)은 서지정보유통지원시스템 홈페이지
(http://seoji.nl.go.kr)와 국가자료공동목록시스템(http://www.nl.go.kr/kolisnet)에서 이용하
실 수 있습니다.(CIP제어번호: CIP2014014165)

※ 책값은 뒤표지에 있습니다.
※ 잘못된 책은 구입하신 곳에서 바꾸어드립니다.

구글은  SKY를 모른다

"구글에는 많은 한국인이 일하고 있다.
우리는 그들을 뽑을 때 학력을 본 것이 아니라,
그들이 미래를 만들어갈 자질과 잠재력을 갖추고 있는가를 보았다.
이 책은 한국 젊은이들이 미래를 준비하기 위해
꼭 갖추어야 할 자질이 무엇인지 잘 설명해주고 있다."

_에릭 슈미트 **(구글 회장)**

• 프롤로그

왜 행복을 위한 길을 외면하고
다른 길로 가고 있는가?

 "저는 공부를 열심히 했지만 '스카이'에 가지 못했어요. 저 같은 사람이 구글 같은 기업에 취직하는 건 꿈도 못 꾸겠지요?"
 "저는 대학 졸업 후 2년째 중소기업에 다니고 있지만 아무런 희망도, 꿈도 없답니다. 신문에서 본 구글러 이야기는 딴 세상 이야기인 것만 같아요. 저는 이미 실패한 인생 같습니다."
 이메일 등으로 이런 질문이나 하소연을 접할 때마다 참 답답하고 안타깝다. 이제 고작 스무 살밖에 안 된 청년이 세상을 다 포기한 것처럼 말한다. 단지 목표한 대학에 들어가지 못했다는 이유로 말이다. 한창 젊은 이십대 직장인이 단지 대기업에 입사하지 못했다는 이유로 희망도 꿈도 없다는 소리를 쉽게 내뱉는다.
 정말이지 기가 막히고 어이가 없다. 나는 '샌님' 소리를 들을 정도로 새가슴에 목소리도 작고, 그야말로 소심하고 겁 많은, 전형적인 A형 스타일이다. 그런데 이런 내가 우리나라 젊은이들의 생각을 확인할 때는 너무나 속상해서 흥분하게 된다.

구글에서 입사 인터뷰를 가장 많이 진행한 사람 중 한 명으로, 수백 차례의 면접을 진행하면서 내가 느끼는 건 우리나라 젊은이들만큼 보수적인 이들이 없다는 것이다. 기성세대보다 더, 어쩌면 세계에서 가장 보수적인 마인드를 가진 이들이 아닐까 싶을 정도다. 그들은 낡은 전통과 어른들의 잣대를 그대로 물려받은 것도 모자라, 쓸데없는 경쟁심까지 더해져 완전히 자신만의 세계에 갇혀 살고 있다.

행복한 삶을 위해 공부도 하고 꿈도 꾸는 것이건만, 다들 더 불행해지기 위해 몸부림치는 것만 같다. 물론 그것이 어쩔 수 없는 우리 사회의 현주소라는 것을 모르는 바는 아니다. 그러나 마냥 밭만 탓하고 있다가는 농사짓는 일을 시작할 수 없다. 먼저 자신부터 달라져야 한다. 그리고 세상은 밭과는 무관하게, 자기 농사를 지은 사람을 알아주는 법이다.

공부도 마찬가지다. 진정 자기 공부가 아닌, 입시를 위한 공부 요령을 터득해 점수를 따고 일류대학에 입학한다. 그래서인지 석박사 학위를 따고도 면접에서 제대로 된 답변을 못해 쩔쩔매는 한국 젊은이들을 많이 보아왔다. 고학력에 나름 실력도 키웠지만 자만심에 빠져 있거나 기본적인 상식을 무시한 탓에 기회를 놓치는 경우도 적지 않다. '공돌이'라 불리는 공대 출신이면서 글재주는 더더욱 없는 나 같은 사람이 감히 책을 쓰기로 마음먹은 것도 바로 이런 이야기를 하고 싶었기 때문이다. 일류대학 출신이냐 아니냐는 중요한 게 아니라는 것, 지금 다니고 있는 직장이 대기업이 아니라는 이유로 좌절할 필요가 없다는 것이다. 진정한 자기 공부를 하고, 진정한 자신의 꿈을 꾸면 원하는 것을 행복하게 이룰 수 있다고 말해주고 싶었다.

나는 이 책에서, 일류대 출신도 아니고 찌질하고 소심한 성격에 영어도 서툰 내가 어떻게 한국인 최초로 구글 엔지니어가 되었고, 구글검색팀 매니저가 되었는지에 대해 이야기하고자 한다. 어떻게 나의 운명을 스스로 개척해나갔으며, 어떻게 매일매일 일하는 것을 즐기게 되었는지, 단순히 돈을 벌기 위함이 아닌 세상을 바꾸기 위해 출근한다는 생각을 갖게 된 동기는 무엇인지 나누고자 한다.

궁극적으로 내가 이 책에서 이야기하고자 하는 것은 '다 같이 행복해지자'는 것이다. 야심차게 꿈을 키우고 도전하라는 얘기가 아니다. 꿈이 없으면 또 어떤가. 무작정 누구나 가는 길을 좇아가지 말고, 나만의 길을 행복하게 갈 수 있다면 그곳이 나의 목적지인 것이다.

나는 단 한 번도 세계 최고 기업에 입사해 고액의 연봉을 받는 직장인이 되겠다고 꿈꿔본 적이 없다. 그저 내가 하는 일이 즐거웠고, 열심히 했으며, 함께 일하는 동료들에게 배우는 것을 부끄러워하지 않았을 뿐이다.

그것으로 족하다. 굳이 누군가를 꺾으려고 경쟁심에 불타지 않아도, 야심찬 꿈이나 끝없는 도전정신이 없더라도, 나와 내 가족과 내 동료가 행복한 길을 찾아가면 된다.

단, 유의해야 할 점은 가능하면 다양한 정보를 최대한 받아들이라는 것이다. 온 천지에 정보가 주렁주렁 달려 있다. 검색전문가로서 나는 컴퓨터만 있으면 지금은 무엇이든 배울 수 있는 시대라는 사실을 잘 알고 있다. 공부하지 않는 것은 길바닥에 돈을 뿌리면서 걸어가는 것만큼이나 어리석은 일이다. 그것만큼 손해인 일이 없다. 지금은 누구의 눈치도 볼 필요없이, 어떤 장애물도 없이 여러 분야를 재밌게 공부하고 다양한 지식을 쌓을 수 있는 시대다.

야심찬 꿈을 키우고 혼자 잘나서 저만치 앞서가는 프로필을 가지려 애쓰지 말자. 그저 소박한 꿈이지만 그 꿈에 맞는 공부를 열심히 하며 행복하게 사는 길을 함께 찾아보자. 그러면 많은 것들이 저절로 따라오게 되어 있다. 그 실체를 이 책에서 확인할 수 있을 것이다.

2014년 5월
캘리포니아 마운틴뷰에서
구글러 시골러, 이준영 드림

● 차례

⟨프롤로그⟩ 왜 행복을 위한 길을 외면하고 다른 길로 가고 있는가? 6

Chapter 1 ● 자신을 돌아보기

SKY는 신경 쓰지 말고, 은하계를 건너뛰어라 17
가장 낮은 곳에 있다면 더 높이 오를 수 있다 36
세상은 계산하지 않는 사람에게 이윤을 남긴다 49

Chapter 2 ● 진짜 공부 찾아 하기

무엇을 어떻게 공부해야 할지 알면, 못할 게 없다 65
영어를 못해서 앞으로 나아가지 못하면 억울하다 86
경상도 토종 구글러의 영어 공부법을 따라해보자 95

Chapter 3 ● 새롭게 시작하기

멘토를 찾을 줄 알아야 멘티가 될 자격이 있다 109
효율적으로 하지 않으면 안 하는 것만 못하다 120
어떻게 나만의 효율 시스템을 만들 수 있을까? 132
IT를 공부해놓으면 더 많이 행복해진다 145
행복하게 먹고 살기 위해 IT를 알아야 한다 155

Chapter 4 ● 정말 행복해지기

이제 경쟁심을 버리고 경쟁력을 키워라 171
어떤 경쟁력을 갖추기 위해 노력하고 있는가? 181
오늘의 나를 넘어서려면 어떻게 해야 할까? 188
매일 끊임없는 반복을 통해 점차 개선해 나가라 195
나를 조금씩 개선해 나가는 방법은 무엇인가? 205
왜 행복하게 살아야만 성공할 수 있는가? 211
어떻게 하면 일과 삶의 조화로운 균형을 이룰 수 있을까? 218
스펙이 아니라, 미래에 필요한 자질을 갖춰라 227

〈에필로그〉 내가 잘할 수 있는 작은 것부터 하나씩 하나씩…… 234

Chapter 1

자신을
돌아보기

아무것도 가진 게 없어 뭘 해야 할지 모른다면 '그를 따를 날이 별로 없었던 춤놈 이준영이 저렇게 당당하게 살고 있는데, 설마 그보다 못 하겠는가'라고 생각해보라.

SKY는 신경 쓰지 말고,
은하계를 건너뛰어라

많은 이들이 실리콘밸리 하면 스티브 잡스Steve Jobs나 마크 저커버그Mark Zuckerberg 같은 인물을 먼저 떠올릴 것이다. 그러나 구글 직원으로서 내게 잡스보다 든든하고 저커버그보다 멋있는 이들은 바로 지금부터 소개할 다섯 명의 젊은 한국인 친구들이다. 내겐 가장 소중한 이들인 만큼 먼저 이들에 대한 이야기부터 해야 할 것 같다. 이 친구들은 구글 본사의 가장 핵심 부서라 할 수 있는 구글검색팀의 소프트웨어 엔지니어와 검색품질 분석가로 일하는 구글러 중에서도 인재로 꼽히는 인물들이다.

내가 이들에 대한 이야기를 하는 것은 단순히 구글러 몇 명을 소개하기 위한 의도가 아니다. 세상에서 가장 행복한 길을 스스로 개척한 사람들의 삶을 보여주고 싶어서다. 그들이 구글러든 아니든 그게 중요한 게 아니다. 중요한 건 얼마나 열심히 행복을 찾아 달려왔는가 하는 것이다.

세계 최고 명문 '사람대' 출신 구글러, 인혁

2005년에 구글에 입사한 인혁은 영어를 비롯한 140여 개 언어로 서비스되는 구글검색 서비스의 문제점을 분석하고, 이를 개선하는 일을 담당하고 있다. 항상 따뜻하고 밝은 성품의 그는 내게 든든한 버팀목 같은 친구다.

군복무 때 최전방에서 잠수함 침투사건을 겪으면서, 함께 복무하던 부대원들이 목숨을 잃는 비참한 일을 직접 목격한 그는 그 일이 아직도 마음의 상처로 남아 있는 여린 친구다. 회식자리에서는 아무도 뭐라고 하는 이가 없음에도 고기 메뉴를 추가시키는 것을 망설이는 새가슴이다. 그러나 구글검색 품질분석가로서 그의 모습은 영 딴판이다. 웹사이트의 문제점을 조목조목 분석하고 모든 방법을 총동원해 해결점을 찾는다. 사람은 일하는 모습이 가장 아름답다고 했던가. 이 덩치 큰 친구의 일할 때 모습이 딱 그렇다. 참 대단한 친구다.

그런데 이 친구가 구글 입사 몇 년 전까지만 해도 한국에서 적성에 안 맞는 공부를 하며 별 생각 없이 대학을 다니던 평범한 학생이었다면 믿겠는가. 인혁은 건국대학교 지리학과에 다니던 그저 보통의 대학생이었다. 명문대 출신이 아닌 것 자체만으로 자신은 이미 취업전선에서 한 발 뒤쳐진 상태라 생각했을 것이다. 그러다가 아버지가 직장생활에서 어려움을 겪고, 엎친 데 덮친 격으로 군복무 기간에 IMF 사태를 겪으면서 평온하던 집안에 적지 않은 부담이 생겼다. 이런 상황에서 최전방에서의 군생활은 그야말로 스트레스의 연속이었다.

그러나 최악의 시기라고 생각했던 군생활 중에 인혁은 새로운 세상을 만나게 된다. 부대에서는 대원들의 건강상태나 여러 상황을 모니터링해 일일이 수작업으로 기록하는 업무가 있는데, 이를 맡은 부대원들에게는 중대한 책임이 따른다. 수작업인 만큼 오류가 생기면 처음부터 다시 대조 확인해야 하는 상황이 반복되기 일쑤였다. 그런데 어느 날, 미국 대학에서 공학을 전공한 한 나이 많은 사병이 자료를 컴퓨터 프로그래밍하면서 모든 일이 일목요연하게 도표화되었다. 하루 종일 매달려야만 했던 일이 불과 몇십 분 만에 마무리되고, 오류도 없이 완벽하게 처리되는 것을 본 인혁은 '바로 이거다' 싶었다.

그는 비록 인혁의 후임병이었지만 나이는 인혁보다 많아 인혁은 여러모로 그에게 의지했다. 그리고 미국에서 자라 영어에 능숙한 그에게 영어를 배우고, 대신 한국어도 가르쳐주면서 인혁은 힘든 군생활을 잘 마칠 수 있었다. 이때의 경험이 그에게는 미래를 설계하는 데 큰 동기부여가 되었다.

인혁은 제대 후 미국으로 날아갔다. 아무 연고도 없는 낯선 땅에서 영어도 안 되던 그는 오히려 영어 공부에 도움이 될 거란 판단 하에 한국인이 거의 없는 지역을 거주지로 선택한다. 캘리포니아 페탈루마Petaluma라는 낯설고 외진 곳에 위치한 소노마주립대학에서 어학연수를 시작했다. 인혁은 낮에는 세탁소, 밤에는 햄버거 가게에서 온종일 일하면서 영어 공부를 했다.

어학연수를 마친 후에는 그렇게도 간절히 원했던 컴퓨터공부를 하기 위해 같은 대학 전산학과에 1학년생으로 입학하게 된다. 그에게 학교 간판 따위는 중요하지 않았다. 전산학만 배울 수 있다면 어디서든 대학생활을 처음부터 다시 시작할 수 있다는 심정이었다.

당시 페탈루마를 제2의 실리콘밸리로 만들기 위해 그 지역에 시스코Cisco나 브로드컴Broadcom과 같은 IT기업들이 한창 들어서고 있었던 것은 그에게 행운으로 작용했다. 그는 열심히 공부했고 1년 반 만에 미국에서는 명문으로 꼽히는 캘리포니아주립대학 계열의 여러 대학에 편입 합격 통보를 받는다. 그러나 인혁은 편입을 선택하지 않고 소노마주립대학에 남기로 결정했다. 그 이유가 참 아름답다. 인혁은 주변 이웃들이 너무 좋았고, 그들에게서 자신이 미국이란 낯선 땅에 처음 와서 힘들 때 많은 도움을 받은 것을 소중하게 생각하고 있었다. 무엇보다 몇 년을 함께해온 사람들과 헤어지는 것이 싫었다.

이 같은 결정을 하는 데는 당시 인혁이 따랐던 멘토의 영향도 컸다. UC버클리대학 출신의 그 선배는 "명문대에서 공부를 더 많이 했다고 꼭 회사에서 더 나은 성과를 내는 건 아니다. 자신이 맡은 역할을 잘 감당해 나가는 것이 결국은 더 큰 성과를 내는 방법"이라고 조언했다. 인혁은 어디에서 어떤 학교를 다니느냐보다 어떤 사람들과 함께 하느냐를 더 중요하게 생각했다. 그리고 모든 것은 자신이 하기 나름이라 믿었다.

고된 아르바이트는 계속되었고, 학업에 몰두할 시간은 턱없이 부족했지만 그는 모든 일에 최선을 다했다. 그리고 졸업을 몇 달 앞둔 시점에 구글 입사 면접을 본 그는 당당히 충분한 실력으로 입사에 성공했다.

인혁은 스스로 선택한 힘든 길을 자신만의 신념과 주위 사람들의 믿음으로 극복하고, 지금은 구글 본사에서 자기 역할을 충실히 해내고 있다. 지난날의 그런 남다른 과정이나 결단이 없었다면 과연 지금의 인혁이 존재할 수 있었을까?

내 주변의 후배들을 보면 남들이 계속 공부를 하고 학위를 받으니까 그저 그 길을 따라간 경우가 많다. 그래서 뚜렷한 목표도 없이 미국의 유명대학 석박사 과정에 지원하고, 졸업 후에는 별다른 생각 없이 실리콘밸리의 여러 기업에 이력서를 넣는 모습을 흔히 보게 된다.

인혁은 이렇게 말한다. "형편이 되어 더 명성 있는 대학에서 더 많은 공부를 하는 것과 일찍 실무에 관심을 갖고 실력을 쌓아서 하고 싶은 일에 도전하는 것 중 어느 쪽이 더 나은 건지는 잘 모르겠다. 하지만 나는 후자가 더 낫다고 생각했고, 지금도 그 선택은 잘한 일이라 생각한다."

직업반 고등학교 출신 열정파 구글러, 동휘

2006년 구글에 입사한 동휘는 수년간 구글 한국어 검색 프로젝트를 담당해왔다. 이후 구글 본사로 옮겨 현재 검색팀에서 구글이 수집한 60조 개의 URL들을 서버에서 다루는 핵심적인 일을 하고 있다.

준수한 외모에 잘 웃는 동휘가 뼈저린 가난을 경험했다는 것은 도저히 상상이 안 되는 일이다. 하지만 동휘는 집안이 너무 가난해 기성회비를 내지 못하는 일이 잦았고, 고등학교도 제대로 다니기 힘들었다고 한다. 대학 진학은 엄두도 못 냈다. 결국 고등학교 3학년 때는 직업반에 진학할 수밖에 없었다. 당시 직업반은 교내에 추가로 신설된 특별반으로서 대학 진학을 포기한 학생들을 따로 모아두고 땜질기술 같은 것을 가르치던 반이다.

동휘는 직업반에서 열심히 기술을 배웠고 대학 진학은 꿈도 꾸지 못했다. 그래도 미련이 조금은 남아 있었던지 평소 공부를 등한시하지는 않은 덕에 고등학교 2학년 때까지의 실력으로 본 수능시험에서 운 좋게 점수가 잘 나왔고, 지역 명문인 전남대학교 컴퓨터공학과에 진학하게 된다. 대학 입학금은 여러 친지들의 도움으로 간신히 마련할 수 있었다.

그러나 대학에 들어간 이후부터가 문제였다. 어려운 가정형편 때문에 그는 아르바이트를 전전했고 학업 진도를 따라가지 못하다 보니 점점 공부에 흥미를 잃고 성적은 바닥을 쳤다. 게다가 등록금을 마련하지 못해 4년이 지나도록 2학년 수업을 듣고 있었다. 그러던 어느 날 그는 새로 오신 한 교수님의 수업에 매료당한다. C언어 프로그래밍 수업이었다.

고등학교도 힘들게 졸업하고 우여곡절 끝에 대학에는 들어왔지만, 대학생활마저 뜻하지 않게 엉망진창이던 동휘에게 그 수업은 기회였다. 그는 수업을 들으며 '내 인생에서 뭐 하나는 해봐야겠다'라는 생각을 했다. 프로그래밍으로 뭔가를 만들어내는 일이 너무도 재미있었던 그는 날마다 밤을 새워가며 숙제를 했다. 해당과목 교수는 그렇게 열심인 동휘를 주목하게 되었고, 그를 격려해주었다. 고등학교 직업반이 최종학력이 될 뻔했던 그는 결국 대학원 졸업생이 된다.

그러나 사회의 진입장벽은 여전히 높았고 취직은 쉽지 않았다.

작은 벤처회사에 입사했지만 회사는 곧 문을 닫았다. 그러나 열심히 즐겁게 일하는 동휘를 회사 선배들은 각별히 아꼈고, 회사는 망했지만 동휘만큼은 챙겨주고 싶었던 사장의 추천으로 그는 제법 큰 규모의 벤처회사에 입사하게 된다. 그곳에서 많은 것들을 배운 동휘는 결국 구글코리아와 조인하게 되고, 2006년 내가 한국에서 구글코리아 엔지니어링 연구소를 세울 때 채용한 1호 엔지니어가 된다. 면접 때 그를 처음 만난 나는 그가 구글의 핵심인재가 될 것이라 믿었고, 그는 나의 믿음을 저버리지 않았다.

동휘는 어린 시절 지독한 가난의 경험이 아직도 생생하지만 인생의 목적을 돈을 버는 것에 두지 않았다. 몸소 체험한 것이 있는 만큼 누구보다 교육의 중요성을 잘 알고 있고, 자신이 처한 환경에 얽매이기보다는 자기 주관을 갖고 세상을 바라보고 개척해나가고 있다.

실리콘밸리에는 큰 성공으로 대박이 나길 꿈꾸며 창업을 하는 사람들이 많지만 나는 동휘가 그런 말을 하는 것을 들어본 적이 없다. 동휘는 지금 자기 일이 너무 재미있고, 자신이 세상을 변화시키는 일을 하고 있다는 자부심으로 가득하다.

그는 내가 처음 만났을 때 느꼈던 순수한 엔지니어의 열정을 그대로 간직하고 있다. 오히려 시간이 지날수록 그 열정은 더 뜨거워지고 있다. 그는 진정한 구글러인 것이다.

낭만파 드러머 출신 구글러, 창현

2008년 구글코리아에 입사해 검색품질팀에서 일하기 시작한 창현은 3년 후 구글 미국 본사로 자리를 옮겨, 글로벌 구글검색 서비스의 검색품질 개선 프로젝트를 담당하고 있다. 아홉 살 때부터 드럼을 배우기 시작해 꽤 실력 좋은 드러머이기도 한 그는, 구글코리아의 연말파티 공연을 위해 미국 본사에서 한국으로 불려갈 정도로 인기가 많은 친구다.

성실하고 모범적이며 독실한 기독교 신자인 창현은 한동대학교를 졸업했다. 어릴 때부터 컴퓨터를 좋아해 처음부터 전산학을 전공할 생각이었지만 프로그래밍은 접해본 적이 없었고, 대학에서 전공으로 시작하자니 너무나 어렵게만 느껴졌다. 잠시 고민의 시기를 보내고 있을 때 마침 기숙사에 처음으로 인터넷망이 들어오게 된다. 이는 그의 전공 선택에 대한 방황을 한순간에 정리해주는 계기가 되었다. 웹이라는 세상이 너무 좋은 나머지 혼자서 웹 프로그래밍을 배우고, 웹 서버를 띄우고, 도메인을 구입해 웹 사이트를 연결했다. 그는 기숙사 방 안에서 매일 새로운 세상으로 들어가는 경험을 했다.

때론 수업시간에 배운 프로그래밍 개념보다 인터넷을 통해 독학으로 배운 것이 더 도움이 되었다. 아르바이트 삼아 홈페이지 만드는 일을 시작하자 여기저기서 홈페이지를 만들어달라는 요청이

쇄도했고, 나중에는 안철수연구소에 인턴 자리까지 얻게 되었다.

안철수연구소 시절에는 사원들 중 가장 나이가 어린 탓에 직원들의 우편물을 챙기는 일도 맡게 되었다. 하지만 싫은 내색 한 번 하지 않고 성실히 일한 덕에 전 직원이 창현을 알아보게 되었고, 그들과는 지금까지도 연락을 주고받는다고 한다.

1년간의 인턴생활을 마치고 학교로 돌아온 그는 외국에서 살다 온 학생들이 영어로 된 전공서와 전공강의를 훨씬 빠르고 쉽게 이해하는 것을 보고 뭔가 억울한 생각이 들었다. 영어 실력을 쌓으려면 미국에서 공부하는 게 가장 빠르겠다는 생각에 유학 계획을 세웠다. 그러나 그럴 만한 돈이 없었던 창현은 미국 유학을 목표로, 다시 휴학 후 마이크로소프트 한국지사 인턴 자리를 얻게 된다. 이 기간 동안 유학에 필요한 돈을 모은 것도 중요했지만, 가장 큰 수확은 각 나라의 IT 분야 전문가들에게서 많은 것을 배울 수 있었다는 것이다.

1년 반 동안 낮엔 일하고 밤엔 독학으로 토플을 공부하면서 창현은 마침내 학교에서 단 한 명만 뽑는 미국국제교육협회IIE의 교환학생으로 선발되었다. 일리노이공과대학에 1년간 교환학생으로 갈 수 있는 기회를 얻은 것이다. 대학생활 내내 일하지 않은 때가 한 번도 없었지만, 그 기간만큼은 다른 건 아무것도 하지 않고 오직 공부에만 매진했다. 오로지 공부만 하는 즐거움 그리고 그 이면의 고통은 경험해본 자만이 알 수 있다.

미국에서 공부하는 동안 비행기 티켓 값과 아파트 월세, 생활비는 1년 반 동안 모은 돈으로 겨우겨우 감당한다 해도 하루 세 끼의 밥을 온전히 먹는 것은 버거웠다. 아침 점심은 굶은 채 공부만 했고 학교 식당에서 해결하는 저녁은 남들 두세 배의 양을 먹었다. 학교 식당은 들어갈 때 한 번만 돈을 내면 되기에, 저녁식사 시간이 되면 남들보다 조금 일찍 가서 이른 저녁을 한 번 먹고, 친구들이 올 때를 맞추어 또 다시 줄을 서서 한 번 더 먹었다고 한다. 아무도 모르게 한 끼를 두 번 먹으면서 하루 식사를 해결한 것이다. 그렇게 하루 종일 공부하고 새벽까지 도서관에 앉아 있는 그의 별명은 '팬텀 오브 라이브러리'였다. 밤을 새고 퀭해진 얼굴로 아침을 맞는 그는 딱 도서관 유령의 모습이었던 것이다.

두 학기 동안 전 과목 A학점을 받고, 장학금까지 받은 그는 드넓은 미시간 호수를 보고는 세상이 넓다는 것을 새삼 느꼈다. 그 후 유럽 배낭여행을 떠날 결심을 하게 된다. 역시나 돈이 없었지만 다시 뉴욕에서 인턴을 하며 모은 돈으로 4개월간 유럽 18개 나라를 여행하는 낭만을 즐겼다. 그는 세상이라는 학교에 다니며 책에서 배운 것과는 또 다른 것을 배웠다. 덕분에 졸업은 한참 늦어졌지만 대신 학교에서 배울 수 없는 풍부한 경험이 충전된 상태에서 구글에 조인하게 되었다.

대학도 유학도 여행도 본인 스스로 돈을 벌어서 가야 했고 유학 시절 내내 끼니를 거를 정도로 힘들었지만, 창현에게서 유독 낭만이 느껴지는 것은 아마 그가 여행을 좋아하고 음악을 아는 엔지니어이기 때문일 것이다.

그는 어린 시절 교회 형들에게 잠깐 드럼을 배웠는데, 어찌나 빠져들었던지 공부에 있어선 유난히 성실파였던 그도 밴드부 연습만큼은 고등학교 3학년 때 야간 자습을 빼먹어가면서도 빠지지 않았다. 힘들고 지칠 때 드럼을 치면서 스트레스를 날렸고, 오히려 음악에 심취해 다 쏟아내고 난 뒤에는 공부에 몰입하는 게 훨씬 더 쉽고 즐거웠다고 한다. 나중에 결혼해서 아이가 생기면 음악은 꼭 가르치고 싶다고 말하는 창현. 그의 꿈은 훗날 아이와 함께 음악을 같이하는 것이다.

구글이 사랑하는 드러머. 창현은 옛날 이야기의 주인공처럼 오래오래 향기롭게 그리고 행복하게 살 것 같다. 왜냐하면 좋아하는 일에 사랑하는 음악까지 모두 가졌으니 말이다.

독학 소프트웨어 출신 구글러, 원구

원구는 구글코리아에서 근무하다가 3년 전 미국 본사로 온 친구다. 현재는 구글플러스 팀에서 일하고 있다. 그는 정말 실력 있는 엔지니어다. 같이 일해본 사람이라면 하나같이 구글 엔지니어 중에서도 프로그래밍에서는 최고라는 평가를 할 만큼 뛰어난 인재다.

세상에서 제일 잘났다는 사람들이 우글우글 모여 있는 곳, MIT니 스탠퍼드니 하는 미국의 명문대학에서 컴퓨터공학 박사학위를 따고, 그런 대학에서도 톱을 차지한 인재들이 죄다 모인 것 같은 구글에서 말이다.

원구는 순전히 독학으로 프로그래밍을 공부했다. 그렇다고 어릴 때부터 신동 소리를 듣던 천재였나 하면 그건 결코 아니다. 초등학생 때였을까. 평범한 어린 시절을 보내던 원구는 어느 날 아빠 친구가 운영하던 동네의 작은 컴퓨터학원에 놀러가게 되었다. 그런 계기로 컴퓨터에 관심을 갖게 되었지만, 고등학교 때까지는 컴퓨터를 살 수 없었다. 컴퓨터 잡지를 구해 읽으면서 이렇게 저렇게 하면 게임을 만들 수 있겠구나 상상해보는 것이 고작이었다. 그러다가 고등학교 3학년 때 어느 대학교의 학과 소개 책자를 우연히 접했고, 거기서 로봇이 피아노를 치고 있는 그림을 보게 된다.

그 책자 속 학과는 인하대학교 자동화공학과였다. 그 학과에 진학한 원구는 회로나 역학에 대해서는 큰 관심이 없었고, 오직 프로그래밍을 배우고 싶다는 생각만 하게 된다. 그래서 도서관에 있던 프로그래밍 책을 다 찾아서 읽었다고 한다. 학교에 점차 원구의 소문이 나기 시작했고, 원구는 프로그래밍에 대한 질문을 자주 받게 되었다. 혹시 받은 질문 중에 모르는 것이 있으면 그것이 부끄러워서 더 악착같이 공부해나갔다. 그때 친구들이 어려운 질문을 하지 않았다면, 아마도 자기는 그렇게 집요하게 공부할 기회를 갖지 못했을 거라고 그는 말한다.

원구는 영어로 의사소통하는 것을 부담스러워한다. 프로그래밍을 연구하는 데 청춘을 다 바치다시피 했으니, 영어 공부에 할애할 시간이 없었을 것이다. 그러나 구글에서는 그 누구도 원구가 영어를 잘하지 못한다는 것을 신경쓰지 않는다. 그는 자기 분야에서 단연코 최고이기 때문이다. 그는 말한다. "무한한 가능성 속에서 매일 새로운 것을 배우고 도전하는 일을 하고 있다는 것이 정말 자랑스럽고 행복하다"고 말이다.

스스로 엄친아 출신 구글러, 성철

성철은 구글에서 두 번이나 여름 인턴을 한 뒤, 2011년 구글 미국 본사에 소프트웨어 엔지니어로 입사했다. UC버클리에서 컴퓨터공학을 전공하고, UCLA에서 이십대에 박사학위를 받았으니 얼핏 보면 전형적인 엄친아로 '구글러의 모범 프로필'을 가진 것 같다. 그러나 성철과 함께 일을 하면서 나는 그가 얼마나 대단한 친구인지 알게 되었다. 그는 엄마가 만든 엄친아가 아니라 스스로의 노력을 통해 엄친아로 성장해왔기 때문이다.

성철은 한국에서 중학교까지 마치고 온 가족이 미국으로 이민을 왔다. 그러나 행복한 이민 길이 아니었다. 한국의 IMF 사태는 성철의 집안도 강타했다. 아버지는 건설회사에 다니던 회사원이셨고, 그의 가족은 평범한 중산층의 서울 시민이었다. 그러나 IMF는 성철 가족의 평범한 일상을 불투명하게 만들어버렸다. 다행히도 10년 전, 미국에 사시던 이모가 보험 들어두는 심정으로 신청해둔 성철 가족의 이민비자가 나오게 되어 지푸라기라도 잡는 심정으로 미국 이민 길에 오르게 된 것이다.

부모님은 한 달에 고작 하루 이틀을 쉬며 생계를 꾸려나가야만 했고, 성철은 온종일 혼자서 낯선 미국생활을 견뎌내야 했다. 지금은 아들 잘 두신 덕분에 뿌듯한 마음으로 미국생활을 하고 계시지만, 그동안의 고생이 어떠했는지는 이루 말할 수 없을 정도다.

십대 때의 성철은 아무것도 할 것이 없었다. 친구들이 하는 스포츠 활동에 끼어들 여유도 없었다. 학교와 집을 오가며, 혼자만의 시간 동안 오롯이 공부에만 집중했다. 솔직히 말하면 다른 할 것이 없어서 공부에 재미를 붙일 수밖에 없었다고 한다. 집에 오면 스스로 책을 찾아 읽고 공부하는 생활을 수년간 묵묵히 해나갔다. 복잡한 미국 입시 시스템도 누가 알려주는 사람이 없으니 혼자서 알아보고 스스로 헤쳐나가야 했다. 이때부터 자기 앞가림은 자기가 하는 것이 몸에 배었다.

성철은 외로움과 친구처럼 지내왔는데, 그래서 동료를 잘 챙기는 인품을 갖게 된 것 같다. 미팅 때도 이것저것 꼼꼼하게 체크하고, 자료를 챙기는 일을 참 살뜰하게 잘한다. 나는 성철에게서 행복하게 사는 방법은 먼저 외로움과 벗할 줄 아는 것임을 배웠다.

성철이 좋은 학교를 나왔다는 프로필을 앞세워 구글에 입사했다는 생각은 완전히 잘못된 것이었다. 그는 두 번의 인턴기간 동안 남다른 능력과 성실함으로 좋은 평가를 받았고, 입사면접에서 보여준 자기 분야에 대한 깊이 있는 통찰을 인정받아 구글러가 되었다. 그의 통찰과 가치관이 묻어나는 글을 한 편 소개해보고자 한다. 아래에 인용된 글은 그가 대학을 졸업할 즈음에, 한 온라인 유학·이민자 커뮤니티에 고등학생들이 올린 '어느 학교가 명문이니 아니니 하는' 토론글을 보고 쓴 글이다.

> 좋은 학교를 목표로 하는 것은 결코 잘못된 것이 아니다. 이는 대입준비를 하는 상황에는 긍정적인 자극이 되기도 한다. 그리고 명성이 없는 학교에서 잘하는 것보다는 명성이 있는 학교에서 잘하는 것이 여러 가지 의미에서 나은 것은 부정할 수 없는 사실이다. 하지만, 여기서 지적하려는 것은 그런 것이 아니다. 문제는 목표 자체에 있다.
>
> 명문대에 입학해서 얻는 이득은 다름이 아니라 그 명문대에서 제공하는 좋은 교육환경이다. 뛰어난 학생들과 부딪히고, 때로는 서로 도우며 얻는 지식. 그것이 진정한 가치인 것이다. 명문대학이 '명문'이 된 이유도, 그 학교의 이름을 멋지게 지어서가 아니라 뛰어난 교수들을 보유하고 있고, 그 학교가 쌓아온 교육의 노하우가

풍부하기 때문이다.

그렇기에 가령 '나는 어디어디에서 몇 등으로 인정한 명문대학에 입학한다'는 목표로 공부한 학생들은, 대학에 들어가고 나서 이미 목표를 달성했다는 성취감에 빠져 100퍼센트 그 기회를 활용하지 못하는 경우가 많고, 공부에 소홀하여 어중이떠중이가 되는 경우가 허다하며, 심지어는 좋은 학점으로 졸업하더라도 풍부한 지식을 쌓지 못하고, 심한 경우에는 목표를 상실하여 심리적인 방황을 겪기도 한다. '명문대 꼴통'들이 다량으로 양산되는 이유가 따로 있는 것이 아니다. 반대로 맹목적으로 명문대 타이틀만을 목표로 하였다가 그 목표를 이루지 못한 학생들은 쓸데없이 자존심에 상처만 입고 위축이 되는 경우가 많다.

반대로 지식과 경험을 목표로 해온 학생들은 빼어난 학점을 받지 못하는 경우에도 배운 내용을 잘 기억하고 활용할 줄 안다. 혹여 원하던 명문대학에 입학한 것이 아니라 해도 주어진 조건을 100퍼센트 활용하여 원하는 공부를 하며 행복하게 지내고, 이를 토대로 사회에 나가서도 자신 있게 성공적인 삶을 이끌어가는 경우가 많다.

훗날 한 사회의 지도층을 형성할 인재들이 벌써부터 부질없는 자존심 싸움이나 하고 있다면, 지금 우리나라의 '윗분'들과 다를 바 없는 모습을 수십 년 후에도 보게 될 것이라는 얘기와 다름없다. 좀 더 실질적인 성과에 관심을 가질 수 없을까.

지금 고등학생이라면, 단지 주위의 라이벌들과 부질없는 자존심 싸움이나 벌이고, 부모님이 바라는 명문대학 타이틀에 맹목적으로 집착하기보다는 진정 자신이 원하는 공부가 무엇이고, 그런 공부를 하기 위한 최적의 대학은 어디이며, 그 대학을 들어가기 위해서는 어떻게 해야 하는가…… 라는 식으로 판단하는 편이 훨씬 현명하다고 생각한다.

같은 학교에 들어가더라도 어떻게 목표를 잡았는가에 따라 결과는 판이하게 다를 수 있다.

구글 면접에서는 학교나 학력은 언급되지 않는다

구글에서 면접을 하는 약 다섯 시간 동안 어느 누구도 학교나 학력에 대해서는 단 한마디의 언급도 하지 않는다. 사실 구글 엔지니어들의 인터뷰를 담당하는 인터뷰어는 구글에서 일하는 엔지니어들이며, 이들은 모두 이미 프로필 따위에 관심을 기울일 수준의 사람들이 아니다. 구글에서는 MIT 박사든 초등학교 졸업의 학력자든 모두가 엔지니어일 뿐이다. 그들에겐 그것만으로도 충분하다.

그러니 자신의 꿈을 펼칠 수 있는 세계 최고의 직장에 취업하는 것이 대학 입시에서부터 결정 나는 것이라는 착각은 당장 버려도 좋다. 나에게 필요한 공부를 하는 것이 가장 중요하다. 내가 정말 하고 싶은 공부가 뭔지 알아내고, 그것을 미치도록 열정적으로 하면 된다.

　명문대학에 못 갔다고 스스로 기죽어서 실패자처럼 사는 것은 더더욱 잘못되었다. 지금 '어느' 대학에 다니고 있더라도, 아니 어느 대학을 졸업했더라도, 하고 싶은 공부가 있다면 다시 시작해야 한다. 공부가 모든 것을 해결하는 만능 답이 될 수는 없지만, 답을 얻으려면 공부를 하지 않고는 방법이 없는 것 또한 사실이다.

　우리가 처한 환경은 무시할 수 없다. 청소년기에 가난이나 외로움 같은 것들은 더 무섭게 다가오게 마련이다. 이십대가 된다고 해서 청소년기에 느꼈던 외로움이나 불안함에서 해방되는 건 아니다. 오히려 어릴 때는 잘 몰랐던, 미래에 대한 두려움과 삶에 대한 무게로 청소년기와는 또 다른 불안감에 떨어야 한다. 위로랍시고 하는 고상한 말들은 오히려 신경을 곤두서게 한다.

　그런데 말이다. 이미 다 갖춘 잘난 애들은 우물 안 개구리처럼 자기들끼리 경쟁하며 살라고 놔두자. 대신 여유로운 환경은 아니었지만, 자기가 진정으로 원하는 일을 하면서 스스로 행복을 느꼈던 인혁·동휘·창현·원구·성철처럼 고작 스카이가 아닌 은하계로 점프할 수도 있지 않을까. 은하계란 진정으로 자기가 하고 싶은 것을 열심히 할 수 있는 행복한 세상이다. 당신에게도 분명히 스카이 너머 은하계가 존재한다.

가장 낮은 곳에 있다면
더 높이 오를 수 있다

●

아침 7시에 마을 앞을 지나간 버스는 저녁 7시에 다시 읍내로 돌아왔다. 나는 지금도 어쩌다 버스를 타는 날이면, 마치 토토로버스를 기다리던 사츠키와 메이처럼 그렇게 오래오래 버스를 기다리던 어린 준영이가 떠오른다. 아주 깊은 산골짜기 마을에 살던 어린 준영이에겐, 버스 타는 것조차도 크나큰 설렘이었다.

　한 학년에 1반과 2반이 전부고, 1층짜리 교실은 화단에 둘러싸여 있던 참 작았던 초등학교. 내가 살던 동네는 그 학교에서도 한참을 걸어서 논두렁을 가로질러 가야 하는, 멀고 먼 곳에 있었다. 덕분에 여름 장마철에는 학교에 가지 않는 호사를 누리기도 했다.

논두렁 사잇길 고추잠자리와 함께 자란 나, 이준영

 등굣길 풍경은 지금 생각하면 마치 영화 속의 한 장면 같다. 우리 마을의 1학년부터 6학년까지 약 30명의 꼬마들이 아침마다 동네회관 앞에 모였다. 형들 중 한 명이 동네 깃발을 손에 들면, 모두 그를 따라 두 줄로 서서 학교까지 행진을 했다. 행진과 함께 노래가 시작되었다. 가요는 알 턱이 없으니 당연히 우리가 부르는 노래는 음악시간에 배운 동요였다. "태극기가 바람에 펄럭입니다. 하늘 높이 아름답게 펄럭입니다." "새 나라의 어린이는 일찍 일어납니다." 그런 노래들이었다. 게다가 교가까지 악악거리며 불러댔다. 목소리 높여 내지르는 곡들이었다.

 학교가 보이는 곳에 이르면 저쪽 멀리 논두렁 너머 다른 마을에서 오는 등굣길 행진부대가 보였다. 물론 그들도 노래를 하고 있었다. 그러면 으레 서로 기선을 제압하려 목청이 찢어질 듯 더 크게 불러 젖히고는 했다.

 늦가을이면 학교 가는 길이 더 신났다. 밤새 내린 서리로 마른 가지나 풀들이 물기에 젖어 있었고, 나무에는 서리 때문에 날개가 젖어 날지 못하는 수많은 고추잠자리가 조용히 앉아서 우리를 쳐다보고 있었다. 그러면 아이들은 냉큼 잠자리를 집어 옷에 붙인다. 날개가 홀딱 젖은 잠자리는 반항조차 하지 못하고 무슨 배지처럼 어깨에 소매에 가슴에 그대로 붙어 있곤 했다. 아이들은 서로 경쟁이 되어서 몸 곳곳에 수십 마리의 잠자리를 붙이고는 깔깔 웃어대며 교실에 들어섰다.

첫 수업이 시작될 때면 교실 안은 제법 햇살이 들어와 따뜻해지고, 잠자리들은 날개에 물기가 마르면서 기다렸다는 듯이 교실 안을 여기저기 날아다니기 시작했다. 교실에는 온통 잠자리 떼가 가득했다. 담임선생님은 야단은커녕 익숙한 매일의 가을아침 행사에 기꺼이 동참하셨다.

아름다운 동화 같은 풍경이지만, 말처럼 아름답지만은 않았다. 여름엔 뙤약볕 때문에 뜨거웠고, 겨울엔 강추위에 손발이 얼었다. 그래도 매일매일이 신났다. 늦가을부터는 고학년들이 학교 뒷산에 나뭇가지나 솔방울을 주우러 자루를 들고 다녔다. 교실에서 겨울방학 전까지 사용할 난로의 땔감으로 쓰기 위해서였다. 지금 같으면 학부모들의 항의전화가 빗발칠 일이겠지만, 당시 나는 친구들 그리고 선생님과 모두 함께 산으로 가는 게 신나기만 했다. 나뿐 아니라 모두가 그랬다. 학교를 마치고 집에 오면 또 산으로 들로 소 먹이러 다녔다.

내 또래 중에서도 도시에서 자란 친구들은 내가 들려주는 등굣길 이야기를 신기해한다. 무슨 1950~60년대에 살았냐고, 조선시대 사람이냐고들 한다. 팔순 노인네도 아닌데 무슨 그런 산골짜기 추억이 가득하냐고 말이다.

그럴 때 나는 그게 나의 가장 큰 자산이라고 말한다. '구글에 다니면서 적지 않은 연봉을 받지만, 돈은 나의 진짜 재산이 아니다' 라고. 한 순간 날아오르는 수많은 잠자리들이 가득 했던 교실이 바로 나의 자산이라고 이야기한다. 엔지니어는 하드하고 감성이 없을 것이라고 생각하는 사람들에게 나는 말한다. 그렇지 않다고. 내 속에 들어 있는 동화 속 주인공 준영이가 지금 세상을 바꾸는 프로젝트에 참여하고 있으니까 말이다.

돈 주고 사는 장난감이라는 것은 존재하지도 않았고, 생일파티 같은 건 꿈도 못 꿔 봤다. 밥상에 미역국이 올라오면 그제서야 가족 중 누구의 생일인 것을 알았다. 고기반찬 먹는 것도 얼마나 큰 호강이었는지 모른다. 부모님은 새벽부터 논밭에 나가 종일 농사일 하느라 아들이 뭐하는지도 모르셨다. 그렇게 가난했던 어린 시절이지만 얼마나 감사한지 모른다.

그래서 후배들에게 말한다. 가난 속에 깃들어 있는 아름다움이 어쩌면 평생의 든든한 자산이 될 수도 있다는 것을.

김해 산골짜기에서 은하계를 건너 뛰어온 나, 이준영

아름다운 동화는 초등학교 5학년 때까지가 전부였다. 5학년 때 마산시에 있는 학교로 전학을 갔다. 7남매의 막내였던 나는 '막내만큼은 도시에서 제대로 공부시켜야 한다'는 누나들의 성화에 이

끌려 마산으로 나가게 된다. 도시에서 작은 직장에 취업해 돈을 벌고 있던 누나들이 내 뒷바라지를 하기 시작한 것이다.

마산시의 초등학교는 나에겐 너무나 컸다. 그곳에는 잠자리도 없었고, 줄지어 노래 부르며 등교하던 행진도 없었다. 나는 그때부터 주욱 혼자였다. 학교에서는 아무도 내 이름을 불러주지 않았고, 나는 그야말로 존재감 제로인 학생이었다. 숫기도 없어서 무슨 일에서든 나설 엄두가 나지 않았고, 선생님이 혹시 질문이라도 하면 어쩌나 싶은 걱정 때문에 수업시간 내내 조마조마했다. 그러나 다행인지 불행인지 선생님도 내 존재를 모르시는 듯했다. 나는 조용하게, 누구의 눈에도 띄지 않게 혼자 지냈다. 어린 나이에 감당하기엔 너무 큰 외로움이었다.

공부는 당연히 잘하지 못했다. 학교란 공부를 하는 곳이라는 인식도 없었다. 그저 눈뜨면 친구들과 줄지어 놀면서 가는 곳이라는 생각밖에 하지 못했던 촌드기에게 도시의 학교에서 받는 수업은 벅차기만 했고, 수업에 대해 흥미는커녕 멍하니 시간을 보내기 일쑤였다. 그러다 보니 성적은 반에서 중간 정도인, 그야말로 눈에 띄지 않는 중학생이 되었다.

나는 딱히 할 일이 없었고, 책이라고는 교과서와 참고서 한두 권이 전부였다. 너무 심심해서 교과서를 읽기 시작했다. 수학문제도 풀었다. 이건 시간 때우기에 참 좋은 방법이었을 뿐이다. 작은 자취방에서 수학참고서 하나 달랑 펴놓고 문제를 풀다가 답안지 보고 틀리면 다시 풀고, 그러기를 반복하면서 시간을 보내는 나날이 이어졌다. 마르고 닳도록 교과서와 참고서를 보고 또 봤다. 그러다가 운명의 날이 왔다.

고등학교 입학 연합고사에서 전 과목 만점을 받은 것이다. 학교 선생님들이 놀라 기절할 듯한 얼굴을 하고 교실 문을 열고는 "이준영이가 누구야? 누군데 만점을 받았어?"라고 물으셨다. 심지어 선생님 중에서는 중학교 3년 내내 결석 한 번 안 했던 나를 3학년 2학기쯤에 전학 온 아이인줄 아시는 분도 있었으니, 내가 얼마나 존재감 없는 아이였는지 짐작할 수 있다.

공부라는 것은 참 신기했다. 내가 만점을 받은 이후 선생님들도 아이들도 내 이름을 불러주기 시작했다. 고등학교에 가서도 "쟤, 만점 받고 올라왔대!"라며 뒤에서 수군거리는 소리를 듣게 되었다. 신기했다. 아이들 입에 오르내리는 나의 이름이. 전에는 느껴보지 못한 묘한 기분이었다.

나는 이런 나의 경험으로 말하고 싶다. 학생 신분이라면, 한번쯤은 공부를 잘해볼 필요가 있다고. 세상을 다 얻은 듯한 큰 성취감이 있더라고. 그리고 공부만큼 내 마음대로 되는 것도 세상에 없더라고 말이다. 자취방에서 책상 대신 밥상을 펴놓고 앉아, 마르고 닳도록 공부하던 중학생 준영이가 이렇게 세상을 바꾸는 구글러의 한 사람으로 밥값하게 된 것이니까.

나는 지금도 일할 때 가끔 중학생 준영이가 된듯한 착각에 빠진다. 늦은 밤 책상에 앉아 일에 몰두할 때, 팀원들과 채팅으로 프로젝트에 관해 토론을 벌이다가 새벽을 맞을 때, 몽당연필 하나 달랑 들고 연습장에 문제를 풀다가 저녁밥을 굶은 것조차 잊고 있던 중학생 준영이가 내 곁에 앉아 있는 듯한 느낌이 든 적이 있다.

내가 처음 미국이라는 곳에 왔을 때 미국은 나에겐 너무 대단했고 무서웠다. 그러나 어린 시절의 나에게는 마산이라는 도시가 미국보다 더 어마어마하고 대단했다. 김해 산골짜기에서 마산이라니. 목소리도 작고 공부도 못하고 겁도 많던 내가 마산에 있다니. 그런 경험이 나를 키웠다는 것을 미국에 와서 자리 잡고 살면서 깨달았다. 오죽 하면 나는 지금도 마산이 미국보다 큰 것 같다. 정말이지 나는 산골짜기에서 스카이를 가는 것보다 수천 배 멀고 멋진 은하계를 건너온 셈이다.

꼭 멋진 꿈이 있어야 하나. 한 발 한 발 내딛으면 되지 않겠나

별다른 꿈을 키우지도 못했고, 새로운 세계에 대한 동경도 전혀 없었던 나는 중고생 시절을 그저 무난하게만 보냈다. 그 당시엔 다양한 정보를 접할 수도 없었고, 특히나 지방도시에서는 특별한 문화적 경험을 해볼 기회도 없었다. 대학에 진학하는 문제조차 담임선생님과의 면담 5분으로 어떤 학교에서 무엇을 전공할지 정했으니 말이다. 나는 선생님 말씀에 한마디 대꾸도 하지 않았고, 그렇게 부산대학교 전산학과에 가게 되었다.

그때까지 컴퓨터가 어떻게 생긴 줄도 몰랐다. 고등학교 졸업 후에 처음 컴퓨터를 봤을 정도니 말이다. 타자기처럼 생겼는데 화면에 무언가가 떠 있는 게 신기했다. 젊은 구글러 친구들이 말하는 한순간에 운명처럼 다가온 컴퓨터 세상이라는 게 뭔지 나는 상상도 못해봤다. 그저 전공이니 공부했을 뿐이다.

고 3때 나는 이과였으니 만약 담임선생님이 수학이나 화학을 전공하라 했으면 그렇게 했을 것이고, 기계공학이나 화학공학을 전공하라고 해도 그렇게 했을 것이다. 나는 내 주장이나 소신도 거의 없던 아이였으니까. 당시 나는 야무지거나 똑똑한 것과는 멀어 보이는 물에 물 탄 듯, 술에 술 탄 듯 그런 아이였다. 그러나 나는 그런 여리고 무딘 십대의 준영을 아끼고 사랑한다. 부족한 점이 많았지만 착하고 성실했기 때문이다.

그런 점에 대해서는 지금도 아쉬움이 없다. 어린 나이에 특별한 분야에 관심을 갖고 그 세계에 빠져서 몰입하는 것도 멋진 일이지만, 모든 분야에 마음을 열어놓는 개성 없음도 나쁘지 않다. 꿈을 꾸지 않으면 어떤가. 나는 내가 수학선생님이나 기계공학도가 되었어도 나쁘지 않았을 것 같고, 역시 행복했을 것이라고 생각한다. 왜냐하면 난 또 그 분야에서 열심히 최선을 다했을 것이고, 주변의 동료들에게서 많이 배웠을 것이기 때문이다.

행복을 느낄 줄 아는 능력이 진짜 능력이다

이곳 실리콘밸리는 전세계인의 관심이 쏠리는 곳이다 보니 한국에서도 참으로 다양한 사람들이 온다. 특히 전도유망한 젊은 엔지니어들이 원대한 꿈을 안고 건너오는 경우가 많다. 그들은 대부분 엄마표 엄친아들이다. 서울 강남에서 나고 자랐고, 어릴 때부터 전교 1등을 놓치지 않은 수재였으며, 과학영재고 출신에다가 화려한 대학 프로필까지 골고루 다 갖춘 인재들도 꽤 있었다.

이곳에서 빨리 자리 잡아 이름을 날리고, 창업해서 큰돈을 벌고 싶은 욕망이 머리끝부터 탈끝까지 철철 넘쳐흐르는 젊은 친구들도 본다. 그러나 나는 그들에게서 행복한 느낌을 찾기가 어려웠다. 어린 시절부터 경쟁의 대열에서 한 번도 낙오 없이 성장해왔고, 엘리트의식에 사로잡혀 한 치의 실수나 단 한 번의 실패도 하지 않겠다는 의욕에 불타오른 듯이 보였다. 그들에게서는 이해와 용서 그리고 양보의 미덕을 찾아볼 수 없었다. 온통 '꿈과 성공'이라는 화려한 단어에 사로잡혀 있었다. 행복해질 준비가 전혀 되어 있지 않은 것 같았다. 그것은 진짜 능력 있는 사람의 자세가 아니다.

그들과 이십대 준영을 비교하자면 물론 상대도 되지 않을 것이다. 그때의 나는 어딜 가나 어리바리했으니 말이다. 처음 미국 출장 온 날을 생각하면 지금도 얼굴이 화끈거린다. 서울에서 직장생활을 몇 년이나 했음에도 불구하고 촌티는 결코 벗어지지 않았다.

샌프란시스코 공항에 내려 입국심사를 할 때는 마치 변장한 테러범이라도 되는 양 안절부절못했다. 다행히 공항에서 무사히 나왔을 때는 회사 주소도 모른 채 무작정 실리콘밸리가 무슨 IT 기업들이 모여 있는 공장단지인 줄 알고, 길 가는 사람을 붙잡고 "실리콘밸리로 가려면 어디로 가면 되나요?"라고 묻기도 했다. 실리콘밸리 한복판에서 실리콘밸리를 찾고 있었던 것이다. 당시의 나는 그만큼 너무나 세상을 몰랐다.

그런 이십대 준영과 매끄러운 영어로 어느 자리에서나 당당히 자기 의견을 밝힐 수 있는 꽃미남 엄친아 엔지니어와 비교가 되겠는가. 하늘과 땅만큼의 차이가 날 것이다. 그러나 나는 감히 말한다. 그때의 촌뜨기 준영이가 훨씬 능력자라고 말이다. 그때의 나는 '천지 사방에 온통 나보다 잘나고 똑똑한 사람들뿐이구나'라고 느끼며 경쟁심은커녕 무엇이든 배울 자세가 되어 있었고, 그런 사람들 틈에 끼어 있다는 사실이 너무나 행복했다.

행복은 소문내고 전염시켜야 하는 것이다

나는 참 행복한 삶을 살고 있다. 그런데 내 행복을 꽁꽁 숨긴 채 아무도 모르게 나만 더 행복한 길을 찾고 싶지는 않다. 나의 행복을 세상에 널리 알리고 싶다. 촌뜨기였고 찌질이였으며 외톨이였던 준영이가 지금 캘리포니아의 따뜻한 햇살 아래에서 잘 살고 있다고. 그리고 내 친구가 내 동료가 내 이웃이 나처럼 행복했으면 좋겠다고 말이다. 그래서 나의 행복을 다른 사람에게 전염시킬 수 있도록 더 자랑하고 싶다.

어릴 때 자전거 하나 가져 보지 못했던 산골짝 출신 준영이가 지금은 전기스케이트보드를 즐기고, 하이킹을 하며, 바비큐 파티를 열며 잘 살고 있다고. 물론 나보다 돈을 많이 번 사람도 많고, 이름을 널리 알린 사람도 많고, 엄청난 연구 성과를 낸 학자도 많다. 그러나 나는 이웃을 회사에 초대해 점심을 먹을 마음의 여유가 있고, 노총각 후배들을 집으로 불러 바비큐 파티를 열 시간도 있다. 이 얼마나 큰 행복인가.

난 정말 성공한 사람이다. 신문에 이름이 오르내리고, 엄청난 기업가가 되는 것만이 성공은 아니다. '내가 정말 행복하구나', '나는 인복이 많구나', '내가 내 지인들을 위해 대접하는 기쁨을 누릴 수 있구나'라고 매일매일 느끼는 삶이 성공한 삶이다. 그러니 우리나라 젊은이들이 다 같이 불행한 길을 향해 내달리지 말기를 간곡히 부탁한다.

지금은 비록 좋은 환경에서 살지 못하더라도, 어려운 난관에 자꾸 부닥칠지라도, 그런 어려움 덕분에 나중에 다가오는 행복이 더 값지고 소중할 수 있음을 깨닫길 바란다. 내가 대도시의 부잣집 엄친아로 자라났다면, 지금의 이 행복을 행복인 줄 모르고 살았을

지도 모른다. 행복이 행복인 줄도 모른다면, 그것만큼 불행한 일이 있을까.

아무것도 가진 게 없어 뭘 해야 할지 모른다면 '콧물 마를 날이 별로 없었던 촌놈 이준영이 저렇게 행복하게 살고 있는데, 설마 그보다 못하겠는가'라고 생각해보라.

내가 행복하면, 세상을 행복하게 해야 할 의무도 있다

나는 매주 금요일 오후가 되면 구글이라는 회사의 위력을 다시금 실감한다. 알려진 대로 구글은 매주 금요일마다 전 직원이 모이는 TGIF^{Thanks God It's Friday}라는 행사가 있다. 두 창립자 래리 페이지^{Larry Page}와 세르게이 브린^{Sergey Brin}이 직접 마이크를 잡고 일주일 동안 구글 안팎에서 벌어진 일들을 설명하는데, 나는 이때마다 새로운 세상을 만난다. 이들은 구글의 매출이나 실적에 대한 이야기를 화두로 꺼내지 않는다.

이번 한 주 동안 아프리카의 어느 지역에서 구글이 어떤 서비스를 무료로 제공했는지, 세상을 이롭게 하기 위해 구글이 어떤 의미 있는 일을 하고 있는지 등에 대해 이야기한다. 기업으로서 어떻게 돈을 벌고 어떻게 경쟁사들보다 나은 제품을 만들어야 하는가에 대한 이야기는 전혀 없다. 구글에게 사용자가 가장 중요하듯이,

이들 두 창업자의 가장 큰 관심사는 구글 비즈니스가 아니라, 구글러들의 행복과 문화를 어떻게 하면 좀 더 발전시켜나갈 것인가에 있다. 이들은 직원들이 진정으로 행복한 삶을 살면서 사명감을 갖고 일할 수 있는 비전을 제시한다. 우리 스스로가 행복해야, 우리가 세상을 바꾸고 행복하게 만들 수 있다는 경영 철학 때문이다. 나는 '행복하게 일해야 행복한 제품을 만들고, 세상 사람들이 다 같이 행복할 수 있다'는 아름다운 이야기를 매주 들으면서 나 스스로도 그렇게 바뀌어가고 있다.

나는 이 시간이면 항상 마음가짐을 새롭게 한다. 세상 어디에서든 내가 가진 전문성을 활용하여 도움이 되는 일을 할 수 있기를 다짐한다. 나는 대단한 사회사업가가 될 자신도 없고, 특별히 사회에 공헌할 만한 인물도 아니다. 그러나 매일 조금씩 세상을 더 좋게 바꿔나가는 일을 하고 있다고 확신하며, 앞으로도 세상을 위해 이웃을 위해 기업문화를 위해 내 역할을 더 열심히 해나가리라 다짐한다. 모두가 나처럼 행복해지는 세상을 만드는 데 밀알 같은 도움이라도 되고 싶기 때문이다.

세상은 계산하지 않는 사람에게
이윤을 남긴다

●

나는 한국의 젊은이들에게서 극단적 보수의 트라우마도 보고 지나친 경쟁의 그늘도 본다. 일단 꿈보다 욕심이 너무 앞선다. 어른들이 알아주는 대학에 가고 싶고, 세상이 알아주는 대기업에 취직하고 싶다는 생각만 하고 사는 것처럼 보이기도 한다. 화려한 프로필을 쌓는 것이 꿈의 자리를 대체해버린 것이다. 이 사회가 획일화시켜 강요하는 비전이 마치 자신의 꿈인양 착각하며 사는 것 같다.

 나는 면접을 하며 수많은 젊은이들을 만나오면서 그 꿈의 획일화에 깜짝 놀랐다.

 그렇다고 해서 자기만의 확고한 꿈을 만들어 적토마처럼 달려가라는 주문을 하고 싶지도 않다. 학창시절부터 자기만의 꿈을 찾고, 그 방향으로 돌진하는 사람이 몇이나 되겠는가.

자기만의 확고한 꿈은 나중에 꾸어도 된다

첫 미국 출장길에서 나는 난생 처음 '꿈'이라는 것을 가져보게 되었다. 그것은 처음부터 대단히 뚜렷하고 확고하게 자리 잡고 있던 꿈은 아니었다. 앞에서 말한 것처럼 첫 미국 출장길에 이리저리 헤매고 헤맨 끝에 만난 것이다.

야후코리아에 근무하면서 미국 야후 본사로 출장 갔을 때 나는 실리콘밸리를 네 시간이나 헤맨 끝에 겨우 야후 본사를 찾아갈 수 있었다. 날은 저물어 이미 깜깜한 밤이 되었고, 출장 업무를 보기에도 너무 늦은 시간이었다. 건물만 확인한 다음 호텔에 투숙했다. 다음날 아침 일찍 야후 본사를 다시 찾아갔다. 야후 본사의 직원 출입구에 들어선 순간, 나는 엄청난 충격을 받았고 비로소 꿈을 갖게 되었다. 그것은 바로 '이렇게 예쁜 곳에서 일하고 싶다'라는 꿈이었다. 어찌 보면 참 단순한 소망이었다. 그러나 결코 단순하지 않은 꿈이다.

그곳에는 마이크로 키친이 있었고, 과일 바구니와 다양한 음료수들이 진열되어 있었다. 오피스 전체의 인테리어가 야후의 상징색인 보라색과 노란색으로 이루어져 있었다. 바닥에는 차가운 시멘트가 아니라, 야후 로고가 새겨진 알록달록한 색깔의 폭신한 카펫이 깔려 있었다.

나는 산골짜기 마을에서 어린 시절을 보냈고, 중고등학교부터 대학 시절 내내 햇볕이 잘 들지 않는 자취방에서 살아야 했다. 취직을 하고 나서도 번듯한 서울살이를 하지 못했다. 그런 내게 예쁘게 꾸며진 사무실에서 일한다는 건 그 어떤 점보다 강렬한 매력으로 다가왔다.

나는 그렇게 첫 번째 꿈을 갖게 되었다. 그리고 그 꿈을 최고로 이루어냈다. 지금 구글은 전세계 사람들이, 심지어 각국의 대통령까지도 가장 방문하고 싶어 하는 기업이다. 그들이 방문하려는 이유 중엔 구글 오피스의 멋진 인테리어가 보고 싶다는 것도 포함된다. 회사의 어느 테이블에 앉아서도 노트북을 펴기만 하면 그곳이 바로 최고의 집무실이 된다. 그런 멋진 곳이 구글이다. 그러니 나는 첫 번째 꿈을 이룬 셈이다.

계산하지 않고 배움을 찾는 진로가 진짜다

나는 이후 야후 본사에서 일할 기회가 있었지만, 그 대신 구글의 오퍼를 받아들였다. 구글은 당시에 이름조차 낯설었으며, 회사 규모도 너무 작았고, 몇 년 안 가서 망할 수도 있는 신생기업이었다. 반면 야후는 예쁜 인티리어로 나를 사로잡았던 당시 최고의 회사가 아니겠는가. 게다가 연봉도 당연히 많았고, 본사 검색팀의 멤버들과도 친한 터라 전도유망한 미래가 보장되는 곳이었다. 하지만 나는 오랜 고민 끝에 당시에는 매출도 거의 없던 구글을 선택했다.

그렇게 결정한 이유는 엔지니어로서의 순수한 열정 때문이었다. 야후에서 일할 때 래리 페이지(지금의 구글 CEO)와 오미드 코데스타니(지금의 구글 수석 어드바이저)가 야후코리아를 방문했는데 그때 함께 회의를 한 적이 있었다. 물론 당시의 래리 페이지는 실리콘밸리에 널려 있는 무명의 창업자 중 한 사람에 불과했다. 그 회의는 검색엔진 도입을 위한 협의 자리였다. 당시에 구글은 세계 최대 인터넷 포털인 야후에 검색엔진을 서비스하는 하청기업이었다.

나는 래리 페이지와 함께한 한 시간 동안의 회의에서 그들의 기술력과 열정을 접할 수 있었다. 물론 당시만 해도 그가 이렇게 전 세계적으로 유명인사가 될 줄은 꿈에도 몰랐다.

실무 진행을 위해 구글팀과 함께 한국어 검색 품질 테스트를 하는 몇 달 동안 나는 그들의 기술력에 놀랐다. 한국에서 서비스하던 그 어떤 검색엔진보다 훌륭했기 때문이다. 미국의 구글팀에 한국인이 많을 것이라는 내 예상과 달리, 한국인은 단 한 명도 없다고 했다. 한국어를 아는 사람도 없다고 했다. 한국어를 모르는데 어떻게 한국어 검색엔진을 이토록 훌륭하게 만들 수 있단 말인가?

그들은 나의 상상을 뛰어넘어 저 먼 곳에 있었다. 검색엔진을 만들 때 처음부터 특정한 언어를 특화해서 작동하도록 만들지 않았던 것이다. 한국의 수많은 전문가가 매달려 연구하고 있는데도 가능하지 않은 시스템을 한국어를 전혀 모르는 구글이 만들어냈다. 소프트웨어 엔지니어로서 충격을 넘어 은하계 너머의 또 다른 세상을 본 것만 같았다.

구글에서 일하고 싶다는 생각이 들었다. 야후 본사로 가면 안정된 일자리, 넉넉한 연봉, 창창한 미래가 다 보장될 것이지만 당시 구글은 아무것도 보장된 게 없었다. 그러나 그런 기술력이, 래리 페이지를 비롯한 구글 팀의 남다른 열정이 나를 계산하지 않게 만들었다.

물론 갈등이 있었다. 그때 월악산에 오를 때 갈림길에서 본 이정표가 생각났다. '순탄한 길'과 '험준한 길'. 산은 언제나 두 가지 길을 갖고 있다. 순탄한 길을 선택하면 편하고 즐겁게 산행할 수 있고, 험준한 길을 선택하면 고되고 위험하다. 하지만 어쩌겠는가. 험준한 길이 더 끌리는 것을. 그 길은 오르다 나자빠지고 깨져도 볼 것이 더 많고 배울 것이 더 많을 것이다.

계산을 먼저 했다면 야후로 갔을 것이고 예쁜 오피스에서 일하고 싶다는 꿈도 이루었을 것이다. 그러나 계산하지 않았기에, 마음이 끌린 곳을 선택했기에, 나는 더 멋진 세상에서 가장 아름다운 오피스에서 일하게 되었다.

진로를 선택하기 전에 공부부터 해야 한다

　남들이 알아주는 이름난 대학에 못 갔다고 스스로 루저라 단정짓고 대학시절을 별다른 노력 없이 보내는 젊은이들을 보면 안타깝다. 회사에 대해서는 늘 불평불만하면서 관성적으로 출퇴근을 하는 직장인들을 보면 더 안타깝다. 왜 공부하지 않는지 말이다. 지금의 구글러가 되기 위해, 그 전에 힘들게 노력했던 다섯 명의 젊은 내 친구들인 인혁·동휘·성철·창현·원구는 안정된 삶을 살고 있는 지금도 공부를 멈추지 않고 있다. 그들은 일을 통해 공부하고, 공부를 통해 일을 배운다. 그렇게 노력해왔기에 지금의 자신을 만들었을 것이다.

　공부할 것은 지천에 널려 있다. 새벽에 일어나 영어학원 가라는 뜻이 아니다. 지금은 디지털 시대가 아닌가. 최고의 대학을 나온 사람과 대학 문 앞에도 못 가본 사람의 지식 차이가 그 어느 때보다 줄어들었다. 시골에 살아도, 외딴 섬에 살아도, 최고의 인터넷 인프라가 갖추어진 우리나라에서는 모든 것을 배울 수 있다.

　SNS로 외국친구를 사귀고 미드를 보라. 영어가 자연스럽게 늘 것이다. TED 강연을 보라. 쟁쟁한 인물들이 수년간의 연구결과를 쉽게 설명해주고 있다. 스탠퍼드, 하버드 등 세계적인 대학의 저명한 교수가 하는 강의를 인터넷 접속만 하면 무료로 들을 수 있다. 이런 시대에 살고 있으면서 공부를 하지 않는다는 것은 굴러온 호

박을 발로 차버리는 것과 같다.

나는 감히 세상에서 공부만큼 재미있는 것은 없다고 말하고 싶다. 공부가 하기 싫다고 말하는 사람은 공부라는 세상의 문을 열고 들어가 본 적이 없는 사람이다. 게임을 모르는 사람은 PC방에서 온종일 컴퓨터 앞에 앉아 미친 듯이 자판을 두드려대는 사람의 심정을 알 수가 없다. 공부의 재미를 모르는 사람은 분 단위로 시간을 쪼개가며 공부를 하는 사람이 얼마나 큰 희열에 빠져 있는지 알 리가 없다.

그런데 정말 중요한 것은 그저 공부만 해서는 안 된다는 데 있다. 공부를 하면서 정보도 얻어야 한다. 책상에 앉아 암기식으로 달달 외우던 공부법은 잊어라. 시대가 바뀌었다. 이제는 공부와 정보가 따로 있지 않다. 우물 안 개구리처럼 인터넷의 0.3퍼센트만을 차지하는 한글 정보에 집착하지 말고, 세상 바깥의 글로벌 정보를 최대한 잘 활용할 수 있어야 한다.

영어를 못해서 정보를 활용할 수 없다고? 한글자막 처리가 되어 있는 정보도 많고, 완벽하지는 못하지만 번역기 기능을 활용해서도 읽을 수 있다. 그리고 이런 정보들을 내 것으로 만들면서 영어 공부도 병행해야 한다. 세상에 대한 공부를 등한시하고 그저 영어만을 위해 영어학원에 가는 친구들은 이미 한 템포 늦은 삶을 살고 있는 것이다.

가장 게으른 사람이 적성 타령한다

대학생이라면 전공 공부가 우선이겠지만, 세상이 매일매일 어떻게 변하고 있는지에 대해서도 촉각을 곤두세워야 한다. 한국의 어느 대학에 다니든 그것과는 상관없이 미국 유수의 대학생들과 일대일로 만났을 때, 다양한 이슈로 소통할 수 있어야 한다. 왜냐하면 누구나 모든 정보에 접근이 가능한 디지털 시대에 살고 있기 때문이다.

직장인이라면 '우리 회사는 그런 것이 안 통해'라고 단정짓지 말고 자신의 분야와 관련된 공부를 하면서 조금씩 자기 업무 방식을 바꿔볼 필요가 있다. 회사에서 '내가 이럴 때 이렇게 하면 손해 보겠지'라고 계산하지 말고, 자신의 일을 사랑하는 것부터 시작해야 한다. 정말 자신의 적성에 맞지 않아 다른 일로 바꾸려 해도 일단 지금 하는 일에는 최선을 다해야 한다. 그래야 다른 길도 열리는 법이다.

사실 예체능 분야를 빼고는 꿈을 이루는 데에 적성이란 것이 그리 큰 영향을 미치지 않는다고 생각한다. 예체능처럼 특별한 재능과 선천적인 기질이 필요한 분야 말고는 굳이 적성을 따질 필요가 없지 않을까.

그 일을 해보지도 않고 적성에 맞는지 아닌지 어떻게 알 수가 있나? 즐겁고 행복하게 하나씩 해나가는 과정에서 다양한 경험을 하게 되고, 스스로 경험하면서 어떤 분야에 소질이 있는지 어떻게 해야 능력을 더 발휘할 수 있는지 알아낼 수 있다. 그런 과정을 통해 자신에게 맞는 적성을 찾아갈 수 있다. 사람을 만나는 일, 문제를 분석하는 일, 학생들을 가르치는 일, 음식을 만드는 일, 컴퓨터 프로그래밍, 집을 설계하는 일 등 내가 정말 잘하는 것이 무엇인지 발견할 수 있을 것이다.

만일 지금 하는 일과 전공하는 학문이 적성에 맞지 않는다면, 자신의 적성에 맞는 일이 무엇인지 찾아내기 위해서라도 공부하고 더 부지런히 정보를 찾아야 한다. 이미 하고 있는 공부와 일이 있는데, 그 외의 공부는 무의미하다고 생각한다면 오산이다. 세상에 도움이 되지 않는 공부는 없으며, 모든 분야가 다 영향을 주고받으며 연결되어 있다.

다섯 명의 구글러 친구들은 처음부터 컴퓨터가 좋았고 적성에 딱 맞아서 몰두한 덕분에, 자신만의 길을 찾아갈 수 있었을 거라고 짐작하는가? 그것은 아닐 것이다. 나는 그들이 컴퓨터를 만나지 않았고 구글러가 되지 않았다 해도 지금처럼 행복하게 살고 있을 것이라 생각한다.

문제는 그들의 열정에 있다. 자신이 원하는 일을 하기 위해 열정을 다해 쫓아온 걸 보면, 그들은 다른 일을 했어도 마찬가지였을 것이다. 물론 다행히도 자기 적성에 딱 맞는 일을 찾아 그 길에 들어서서 더 큰 성취를 맛볼 수 있었겠지만, 그들에게 그런 마음가짐과 노력이 없었다면 처음부터 적성에 맞는 일을 찾지도 못했을 것이다.

성철, 동휘, 인혁과 함께 구글 캠퍼스 본사 43동 건물에서(왼쪽에서 두 번째가 저자임).

Chapter 2

진짜 공부
찾아 하기

공부를 하다보면 조금씩 실력이 늘어나는 단계를 거치면서 전체를 보는 눈이 생기기 때문에, 응용력이 생기고 연계적인 지식까지 얻어져 결국엔 N^2처럼 폭발적으로 지식의 양이 늘어난다. 그러므로 일단은 한 단계 한 단계 해나가는 방법밖에 없다. 작은 목표를 세워 실행해가다보면 어느 날 꿈도 꾸지 않았던 수준의 실력을 갖춘 나를 발견할 것이다.

무엇을 어떻게
공부해야 할지 알면, 못할 게 없다

●

의과대학 근처도 못 가본 열다섯 살의 잭 안드라카Jack Andraca는 '5분 만에 췌장암을 발견해낼 수 있는 테스터'를 개발해서, 2012년 세계 최대 과학경진대회인 인텔 ISEF Intel International Science & Engineering Fair 에서 대상을 받았다.

좋아하던 삼촌이 췌장암에 걸려 사망한 후, 소년은 구글과 위키피디아를 통해 췌장암은 가장 치사율이 높고 많이 걸리는 암이긴 하지만 조기에 발견하면 완치할 수 있는 가능성이 아주 크다는 것을 알아냈다.

소년은 삼촌이 췌장암을 조기에 발견할 수만 있었더라면 살 수도 있었다는 사실이 너무나 안타까웠고, 삼촌과 같은 사람들이 더 이상 나오지 않기를 바라는 마음에 췌장암을 조기에 발견할 수 있는 방법을 찾기로 결심했다. 물론 아무런 의학적 도구도 서적도 갖고 있지 않았다. 가진 건 컴퓨터뿐이었다.

하지만 소년은 포기하지 않고 구글과 위키피디아를 통해 이와 관련된 많은 정보를 찾아 췌장암 조기진단기를 개발할 수 있었다. 소년은 TED 강연에서 이런 말을 남겼다. "나 같은 열다섯 살짜리가 인터넷을 통해 얻은 지식만으로 이런 걸 할 수 있는데, 여러분은 얼마나 더 큰일을 할 수 있는지 생각해보세요."

돈으로 못하는 것을 공부로는 할 수 있다

잭처럼 인터넷을 활용해 엄청난 일을 이룬 개인의 사례는 수없이 많다. 예전엔 혼자 공부해서 검정고시·사법고시·행정고시에 합격하는 게 대단했지만, 이제는 아이디어만 갖고 있다면 인터넷을 통해 얻은 지식으로 더 대단한 것을 이룰 수 있다. 그래서 우리는 공부해야 한다.

특히 우리나라는 최고의 인프라가 갖춰진 덕에 인터넷이 실리콘밸리 한복판에서보다 더 빠르게 들어온다. TED에서 세계의 유명한 강연을 듣고, MIT·스탠퍼드·하버드대학교의 강의까지 온라인으로 그것도 무료로 들을 수 있다. 컴퓨터 프로그래밍을 배우고 싶다면 학원에 갈 필요 없이 인터넷 동호회나 쉽게 설명해주는 웹 사이트를 이용하면 된다. 얼마 전까지만 해도 세상 밖에 뭐가 있는지 알려주는 사람이 없어서 못했다는 말이 통했다. 하지만 지금은 알려주는 사람이 없어서 못했다고 말할 수 없는 세상이다. 이제는 내가 할 일, 내가 할 수 있는 일을 내 주위나 한국에서만 찾을 필요도 없다.

한국에 갈 때마다, 카페나 지하철에서 젊은 친구들이 핸드폰이나 태블릿에 몰두하는 것을 많이 봤다. 무엇을 하는지 궁금하여 슬쩍슬쩍 곁눈질을 해보니 대부분 게임을 하거나 다운로드한 영화나 드라마를 보고 있었다. 간혹 강의를 듣거나 과제에 필요한 자료를 찾는 듯한 이들도 있었지만 말이다.

물론 이런 행위를 무턱대고 '시간낭비'라고 말하고자 하는 것은 아니다. 그것 또한 일과 공부로 쌓인 스트레스를 푸는 좋은 방편이 될 수 있기 때문이다.

다만 책이나 논문보다 더 정리가 잘된 공부거리가 위키피디아에 가득하고, TED 강연을 통해 지구상에서 대단한 경험을 한 사람들의 흥미진진한 이야기를 들을 수 있고, 세상 반대편의 작은 기업에서 만든 혁신적인 제품을 시장에 나오기도 전에 구경할 수도 있는데 그러한 정보와 기회를 놓치고 있는 건 아닌가 하는 우려가 들기에 하는 말이다.

구체적으로 어떻게 공부해야 하는가

자신이 원하는 만큼 공부를 잘하지 못하는 학생이라면, 우선 A4용지에 자신이 공부를 잘 못하는 이유를 쭉 써 내려가보자.

내가 공부를 잘 못하는 이유
1. 공부를 안 해서
2. 공부가 재미없어서
3. 공부가 하기 싫어서
4. 공부를 해도 잘 안 돼서
5. 나는 머리가 나쁘니까

그리고 맨 아랫줄에 적어보자. 공부를 잘해야겠다고 정말 생각은 하고 있는지 말이다. 무엇을 위해 공부를 하고 싶은지, 뭐가 되고 싶어 공부하는지는 나중으로 미루자. 우선은 해야겠다는 생각을 하고 있는지, 정말 공부를 꼭 잘해보겠다는 생각을 하고 있는지 스스로에게 물어보자. 직장인도 마찬가지다. 학생과 직장인의 차이라면 학생은 돈을 내고 공부를 하는 사람이고, 직장인은 돈을 받고 공부를 하는 사람일 뿐이다.

'정말 꼭 공부를 해야겠다고 생각하고 있는가?'에 대한 질문에 '별로', '글쎄'라고 답한다면 공부를 시작해야 할 필요가 없다. 그런 사람은 공부를 해야 하는 이유를 아직 깨닫지 못하고 있기 때문이다. 그러나 '공부를 꼭 잘해보고 싶다'고 답한 사람이라면 앞서 나열한 공부를 잘 못하는 이유들 중 두 번째 항목 '공부가 재미없어서'를 가지고 생각해보자.

무엇을 하는 데 재미를 느낀다면 누가 시키지 않아도 '그것'을 한다. 하지만 안타깝게도 '그것'이 공부가 될 확률은 그다지 높지 않다. 왜 공부는 재미가 없을까? 그건 공부로 노력한 만큼의 결과를 내본 경험이 없기 때문이다. 그렇다면 어떻게 공부해야 성적표도 나의 능력도 확실히 변화시킬 수 있을까?

구글러의 공부법 1〉 한 달만 나를 시험해보자

4월 1일부터 4월 30일까지, 이런 식으로 딱 한 달 기간을 잡아서 나를 시험해보자. 딱 한 달만 창현처럼 '팬텀 오브 라이브러리'가 되어보는 것이다. 목표를 어느 대학에 합격하는 것, 어떤 시험에 합격하는 것, 어느 시험에서 몇 점을 받는 것 등 눈에 보이는 결과물에 두지 말자. 그건 욕심이고 공부하는 사람의 자세가 아니다. 목표를 내 밖에 두지 말고, 내 안에 두어야 한다.

한 달 동안 친구도 만나지 말고, SNS도 하지 말고, 드라마도 보지 말고, 걸으면서도 공부하고 자면서도 공부해보자. 그렇게 내 안에 목표를 두고 한 달을 노력해보자. 그 목표를 이룰 수 있다면 세상 모든 것을 꿈꿀 수 있다고 생각한다. 대부분의 사람들이 공부를 잘하고자 하면서도 실패하는 이유는 목표를 공부에 두지 않고 공부 '밖'에 두기 때문이다.

그렇게 한 달을 채우고 목표를 이루었다면, 그 다음엔 보다 체계적인 단계를 세우면 된다. 만약 그것이 영어 공부였다면 다음 단계를 토플시험으로 잡으면 된다. 단, 이번 토플에서 몇 점을 받을 것인가를 목표로 삼지 말고 시험을 보는 날까지 토플 시험 준비에 제대로 빠져보겠다는 목표를 세워야 한다.

걸어가면서도 영어단어를 외우고, 지하철 안에서도 강의를 듣고, 자면서도 오디오를 듣자. '영어 공부에 몰입하기'란 목표대로만 하면 토플 점수는 잘 나올 수밖에 없다. 눈에 보이는 목표는 내가 뭘 해야 할지를 알고 따라가면 애써 좇지 않아도 충분히 이룰 수 있다.

만약에 자신이 없다면 한 달보다 더 짧게 목표를 잡자. '몇 년 후에 어느 학교에 들어가야지, 몇 년 후에 무슨 고시에 합격해야지'라는 목표는 노력하는 과정을 더 어렵게 만든다. 일주일이든 한 달이든 가까운 시일 내에 달성할 수 있는 목표로 나누어 정하고, 하나씩 하나씩 이루어나가야 한다. 몇 년이라는 긴 시간을 한눈팔지 않고 달려갈 인내심을 가진 사람은 그렇게 많지 않다.

구글은 5만 명의 직원이 거대한 목표 아래 일사불란하게 달려가는 조직이 아니다. 올해의 매출목표 따위의 말은 존재하지도 않는다. 긴 시간이 걸리는 프로젝트가 완성되면 '짠'하고 발표하는 법도 거의 없다. 기간을 최대한 짧게 잡는다. 며칠에 한 번, 한 달에 몇 번, 몇 달에 한 번 등 경우마다 다르지만 직원들이 자주 '해냈다'는 성취감을 맛볼 수 있도록 프로젝트 규모를 작게 자르고 기간도 짧게 끊어서 진행한다. 그 결과, 긴 여정을 거쳐 탄생해야 할 프로젝트도 중도에 포기하지 않고 끝까지 끌고 갈 수 있게 된다. 그렇게 기간을 짧게 정해놓으면 목표도 끊임없이 재수정하고, 문제점도 계속 발견하면서 개선해나갈 수 있다. 5만 명이나 되는 큰 조직이 뿔뿔이 흩어지지 않고 한 방향으로 움직일 수 있는 방법이 여기에 있다. 한 번에 큰 것을 바라지 않고, 아주 작은 스텝을 밟아가는 것이다.

하물며 구글도 이러할진대, 개인이 그것도 나이 어린 학생이나 젊은 직장인이 몇 년씩이나 걸리는 원대한 목표를 잡고 공부해나간다는 것은 정말 무모하다.

2011년 구글 부사장인 매트 커츠Matt Cutts는 TED 강연에서 '30일 동안 새로운 것에 도전하기Try something new for 30days'란 주제로 짧은 강연을 한 적이 있다. 대략적인 내용은 다음과 같다.

"정말 뭔가를 간절하게 원한다면 30일이면 충분히 그 일을 해낼 수 있습니다. 좋든 싫든 어차피 이 한 달은 흘러가는 시간입니다. 한 번 시험 삼아 실행에 옮겨본들 손해 볼 일은 없지요. 작지만 지속적으로 실행에 옮길 수 있는 변화들은 오래가는 법입니다"라고 강조했다. 바로 거대한 구글의 움직임처럼 말이다.

구글러의 공부법 2) 한 단계 한 단계 점검하면서 하라

공부하는 사람들 중에는 환경이나 상황이 바뀌었음에도, 처음 사용했던 방법을 고수하는 사람들이 있다. 하지만 공부의 효율성을 높이려면 매 단계에서 점검하는 시간을 가져야 한다.

벽돌로 담을 쌓는데, 한 줄 한 줄 쌓을 때마다 확인하지 않고 무작정 쌓는다고 생각해보자. 계획한 대로 담이 완성되면 별 문제 없겠지만 혹여 잘못하여 벽돌 몇 장을 바꿔 끼워야 하는 상황이 생긴다면 힘들게 쌓은 담을 다 허물어야 하는 사태가 생길 수도 있다. 공부 또한 마찬가지다.

목표를 잡은 후 그 목표를 향해서 달려가는 것은 좋지만, 반드시 중간중간에 확인하고 점검하지 않으면 위험이 따른다. 오죽하면 '돌다리도 두들겨 보고 건너라'는 속담이 있을까. 중간 점검은 향후에 발생할 수 있는 큰 문제를 사전에 예방할 수 있을 뿐더러, 시간이 지남에 따라 바뀔 수 있는 상황이나 환경에 융통성 있게 대처하는 기지를 발휘하게 한다.

특히 회사에서 큰 프로젝트를 맡았을 때에 중간 점검은 더 중요하다. 어마어마한 예산과 1년이라는 시간을 들여 진행한 제품이 막상 사용자한테 소개되었을 때 외면당하는 경우를 종종 볼 수 있다. 프로젝트를 진행하는 사람들은 충분한 사전조사를 하고, 타당성을 검토하고, 사용자들의 선호도나 사용행태까지 조사하여 1년 동안 열심히 제품을 만들어 내놓았지만, 사용자나 시장의 반응이 부정적이거나 아예 무관심하다면 그때 가서는 돌이킬 수 없다. 수습하려고 하다가 더 큰 손실만 입을 수 있다.

구글 서비스 중에는 베타버전으로 2퍼센트 부족한 서비스를 내놓고는 사용자에게 '이 제품은 좀 부족하니 이해해 달라'고 양해를 구하는 경우가 종종 있다. 구글에 아무리 똑똑한 사람들이 많다고 해도 전세계 수십억 인터넷 사용자의 마음을 모두 다 헤아리기는 불가능하다. 그래서 부족한 것은 부족한 대로 두고 하루라도 일찍 서비스를 내놓고는 사용자에게 모든 평가를 맡긴다. 그리고 나서 사용자의 평가를 하나씩 하나씩 수용하고 고쳐나간다. 물론 이와 같은 과정은 꽤 번거로울 수도 있다. 하지만 좀 더 완벽에 가까운 길로 향해 가는 것만은 틀림없다. 어떤 공부든 프로젝트든 마찬가지다.

구글러의 공부법 3) 내 수준은 내가 아는 것보다도 훨씬 낮다

시골에서 마산으로 전학 와서 중학생이 되고서도 나는 공부와는 담을 쌓고 있었고, 공부하라는 잔소리조차 들어본 적이 없는 아이였다. 그랬던 내가 고입 연합고사 시험에서 만점을 받을 수 있었던 것은, '공부란 이런 것이다'라는 진리대로 했기 때문이 아닐까 싶다.

　당시 나는 자신감이 부족하고 소심한 아이여서, 일등이니 만점이니 하는 목표는 생각조차 못해봤다. 참고서나 문제집을 다양하게 갖고 있는 것도 아니어서 쉬운 문제집 한 권을 마르고 닳도록 보고 또 보는 방법밖에 몰랐다. 어려운 문제가 있어도 가르쳐주는 사람이 없었기에 혼자 끙끙대며 풀어야 했고 그만큼 진도도 더뎠다. 그저 수업에 충실했고, 교과서 중심으로 공부했고, 문제집에 실린 모든 문제를 반복해서 봤다. 가끔 "이 문제를 낸 사람의 의도는 무엇일까?"를 고민하면서.

　나는 특히 수학을 열심히 했는데, 모르는 문제는 교과서에서 그 원리를 찾아 이해해가면서 수십 번 풀었다. 두 번 만에 못 풀면 세 번, 세 번 만에도 못 풀면 네 번, 열 번, 스무 번…… 풀릴 때까지 계속했다. 그리고 문제 옆에 빨간색으로 몇 번 만에 정답을 얻었는지 그 숫자를 표시했다.

　때로는 다양한 참고서나 문제집을 들고 다니는 친구들이 부러웠지만, 설령 그와 같은 형편이었더라도 과연 그 모든 문제집을 마지막 페이지까지 다 풀었을까라는 의문이다. 그리고 당시의 수준으론 따라가지도 못했을 터. 나는 나의 수준을 정확히 알고 있었고, 솔직히 인정했고, 나한테 맞는 공부법을 찾아 실천했다. 그리고 지금 하고 있는 일에 있어서도 마찬가지다.

　영어 공부를 하는 사람들 중에는 꽤 쉬운 책도 빠르게 읽어 내려가지 못하면서 어려운 토플 책을 들고 다니는 사람들이 있다. 하루라도 빨리 목표에 도달하고 싶은 마음은 이해하지만 그것은 아무런 도움이 되지 않는다. 공부에서만큼은 철저히 겸손해질 필요가 있다.

구글러의 공부법 4〉 모든 공부는 이야깃거리로 풀어야 한다

'공부는 오감을 통해 하라'는 말이 있다. 말하고 눈으로 보고 느끼고 듣고 모든 인지 능력을 다 동원하라는 뜻일 것이다. 나는 학교 다닐 때 학원도 과외선생님도 인터넷강의도 없이 공부했기 때문에 나만의 공부법을 터득해가면서 했다. 예를 들면 그림을 그리거나 이야기를 하면서 하는 것이다. 영어단어를 외우는 데 있어서도 단어를 쭉 나열해두고 외우는 것보다 각각의 뜻을 이어 맵을 그려보거나 그 단어들을 이어서 형상화하고 스토리를 만들어 외우는 쪽이 더 효과적이었다. 나는 자취방에 혼자 벽을 보고 앉아 오늘 외운 단어들을 한국말과 섞어서 문장을 만들어 이야기했다.

이번에는 국사 과목을 예로 들어보자. 갑신정변과 관련된 정보들을 몇 년도에 무슨 일이 있었고 하는 식으로 단순히 달달 외우는 것보다도, 우선 이미지로 쭉 연결하여 맵을 그려서 이해하는 것이다. 공부에 관한 정보들은 잘 기억나지 않아도 지난주에 친구에게서 들은 이야기는 생생하게 기억나는 것처럼, 스토리나 맵을 그리는 것은 기억력을 높이는 데 아주 유용한 방법이다.

미국 유타대학교의 약학대학에서는 암기하는 기술에 대해 체계적으로 소개했다. 암기할 때는 무엇보다도 그 대상을 이해해야 하고, 기존 정보와 새로운 정보, 각각의 단편 정보들을 서로 엮어서 연관관계를 만들어야 한다고 조언했다. 그래야 마치 고구마 줄기처럼 하나를 끄집어내면 나머지가 줄줄이 엮인 채로 올라올 수 있다는 것이다. 즉 이야깃거리로 만들라는 말이다.

구글러들이 일하는 방법도 다르지 않다. 우선 전체 그림을 그리고 나서 각자 자신의 전문 분야로 채워간다. 좀 딱딱한 표현을 빌자면, 하향식Top-Down과 상향식Bottom-Up의 방법을 같이 적용한다. 하향식으로 전체 숲, 즉 이야기를 만들고 상향식으로 각각의 나무를 채워가는 것이다. 나무 하나를 보고 숲을 이해하긴 어렵지만, 숲을 보고 나면 나무들 하나하나의 상세한 묘사까지도 이해하기가 훨씬 쉬어진다.

지난 해 구글 CEO인 래리 페이지가 한국을 방문하여 박근혜 대통령과 접견했을 때다. 구글의 혁신 비결을 묻는 질문에 그는 이렇게 답했다. "최고의 결과물은 하향식의 리더십과 상향식의 의사결정의 결합에서 나옵니다. 즉 위에서는 지도력과 비전, 밑에서는 엄청난 해결책을 가진 솔루션이 결합되어야 함을 의미합니다."

큰 그림으로 스토리 라인을 만들고 그 세부 항목을 하나씩 채워가는 방법은 회사나 개인에게 모두 통할 수 있는 방법이다.

구글러의 공부법 5〉 내가 쉽게 얻는 것은 누구나 쉽게 얻는다

수학문제를 풀었는데 쉽게 느껴진다면 그 문제는 누구에게나 쉽다. 그러나 어려운 문제를 만났는데도 당황하지 않고 그 문제의 개념을 정리하고 원리를 이해하며 풀이과정을 통해 옳은 답을 얻는 다면 그것은 나만의 지식이다.

앞에서 구글은 면접에서 출신학교나 학력을 묻지도 따지지도 않는다고 말했다. 그러니 공식만을 달달 외워 문제를 좔좔 푸는 학생이라면 스카이를 열 번 나왔어도 구글에 입사할 수 없다.

나에겐 지금도 잊히지 않는 은사님이 한 분 계신다. 지금 생각해보면 수학 철학자라고 불릴 만큼 훌륭한 분이 어떻게 지방의 고등학교에서 수학 선생님으로 재직하고 계셨나 싶다. 지금 내가 구글에서 내로라하는 MIT 박사들과 함께 일해도 결코 기죽지 않는 이유는 그 분께 수학의 기초를 잘 배웠기 때문이라고 생각한다.

선생님의 별명은 '머똥'이다. 머똥은 '머리에 똥만 가득 찬 놈들'의 준말이다. 우리가 선생님께 그런 별명을 붙인 이유는 수업을 시작할 때마다 항상 이런 말부터 해대셨기 때문이다. 선생님은 절대 수학공식을 외우지 못하게 하셨다. 공식보다는 원리를 깨우치는 수업을 중시하셨다. 예를 들어 근의 공식을 설명하실 때도 반드시 그 공식이 만들어진 배경을 이해하게 하셨다. 선생님은 항상 입버릇처럼 "공식 외우지 마래이. 나한테 디진다"라고 말씀하셨다.

수학을 공부하는 이유는 문제를 풀기 위함이 아니라, 논리적인 사고력을 키우기 위함이니 선생님 말씀은 진리다. 외우는 공부는 주어진 문제만 풀 수 있지만, 이해하는 공부는 주어진 문제뿐만 아니라 훗날에 내가 겪을 수 있는 많은 실생활의 문제를 푸는 데 도움을 줄 수 있다. 근의 공식이 만들어진 배경을 이해하는 과정이 쌓여 내가 구글러로 일할 수 있는 능력이 만들어진 것처럼 말이다.
주어진 문제가 아무리 복잡하더라도 모든 일에는 핵심이 있고, 그 핵심을 찾아가는 과정이 일을 가장 쉽게 해결할 수 있는 방법이다. '일단 해결하고 보자'는 식으로 접근하면 언젠가는 그 문제가 두 배로 커져서 돌아오게 되어 있다.

구글러의 공부법 6) 공부는 N^2그래프와 같다

공부를 굳이 수치화하자면 나는 'N^2그래프'와 같다고 본다. 2, 4, 8, 16……처럼 공부한 내용들이 스스로 제곱이 되어 학습의 효율성을 높인다. 매번 처음에서 시작하는 것이 아니고, 앞서 익힌 것을 토대로 그 다음을 시작하는 것이다. 그것이 공부다. 2에서 4가 되는 데에는 두 배인 2의 노력이 필요하다. 4에서 8이 되기 위해서는 2가 아닌 4가 더 필요하지만, 이미 4를 가지고 있는 상황에서 다시 두 배의 노력만 기울이면 된다. 맨땅에서 시작하여 8을 달성하는 것보다 훨씬 수월하다. 내 옆의 친구가 공부를 잘하고 새로운 문제를 잘 푸는 것은 그만큼 꾸준히 노력을 더해, 4가 아닌 8이나 16의 위치에 와 있기 때문이다. 이미 더 많은 것을 경험했고 지식을 쌓았기 때문에 그 다음의 새로운 지식을 받아들이고 이해하는 데 훨씬 빠른 것이다.

<u>스스로</u> 공부를 못한다고 생각하는 것은 자신이 아직 2나 4의 위치에서 더 나아가지 않고 있기 때문이다. '나아가지 못하는' 게 아니라 '나아가지 않는' 것임을 명심해야 한다.

이 사회의 모든 것이 그렇게 발달해왔다. 초기 인류에서부터 문명 발달이 지속되고 있는 현재에 이르기까지의 그래프는 모두 N^2이다. 스마트폰을 보면 쉽게 이해할 수 있다. 전화기의 성능은 한 단계 한 단계 발전해온 것이 아니라 N^2으로 발전해왔다.

공부를 하다보면 조금씩 실력이 늘어나는 단계를 거치면서 전체를 보는 눈이 생기기 때문에, 응용력이 생기고 연계적인 지식까지 얻어져 결국엔 N^2처럼 폭발적으로 지식의 양이 늘어난다. 그러므로 일단은 한 단계 한 단계 해나가는 방법밖에 없다. 작은 목표를 세워 실행해가다보면 어느 날 꿈도 꾸지 않았던 수준의 실력을 갖춘 나를 발견할 것이다.

구글러의 공부법 7〉 기본기 충실은 구글 면접도 통과하는 비법이다

구글의 소프트웨어 엔지니어 100명에게 구글 면접을 통과할 수 있는 가장 빠른 길이 무엇인지 물어보면 대부분 '기본기 충실'을 꼽을 것이다. 왜일까? 구글 면접에 대해서 좀 더 이야기해보자.

나는 구글에서 특이한 기록을 가지고 있다. 구글에서는 분기마다 인터뷰를 가장 많이 한 사람을 발표하는데, 몇 년 전에 구글 전체에서 3분기 연속으로 내 이름이 1등에 랭크되었다. 9개월 동안 구글 전체에서 인터뷰를 가장 많이 했던 것이다. 구글 면접은 실무자들과 일대일로 이뤄진다.

면접이라고 하면 흔히 "자기소개를 해보세요.", "자신을 한마디로 표현한다면?", "본인의 장단점을 설명해보세요.", "취미나 특기는?", "자격증은 가지고 있나요?", "본인이 생각하는 리더십이란 무엇입니까?"와 같은 질문들이 나올 것으로 예상한다. 그러나 나는 이러한 질문을 일절 하지 않는다. 이러한 질문으로 그 사람의 능력을 다 알 수 있을 거라고 생각하지 않기 때문이다.

지금부터 5분만 시간을 내어 함께 구글 면접에 빠져보자. 인터넷을 통해 알려져 있는 구글의 면접 질문 하나를 살펴보자.

"시간이 8시 50분일 때, 시침과 분침 사이의 각도는 얼마입니까?"

이 질문을 들음과 동시에 여러분들은 도대체 이것이 구글에서 일하는 것과 무슨 상관이 있는지 의아해할 수 있다. 여하튼 이 질문에 답해보자. 먼저 무엇을 생각해야 할까.

일단 기준은 분침이다. 분침은 한 바퀴(360도)를 도는 데 60번을 움직이므로 360을 60으로 나누면 1분에 6도를 움직이게 된다. 마찬가지로 시침은 분침이 한 바퀴 돌때 12번 움직이므로 이를 다시 60으로 나누면 0.5도씩 움직이게 된다. 따라서 8시 50분을 가리키는 각각의 각도가 있고, 그 차이를 계산해낼 수 있다. 여기까지 풀었더라도 안심하기는 아직 이르다. 문제는 더 나아간다.

"시간이 좀 더 흘러 9시 20분이 되었습니다. 시침과 분침 사이의 각도는 얼마입니까?"

이제는 원리를 알았으니 같은 방법으로 접근한다면 쉽게 풀 수 있다. 이렇게 칠판이나 종이에 문제를 푼 과정을 컴퓨터 프로그램으로 작성한다. 면접자와 면접관은 같이 대화하고 토론하면서 아주 기본적인 프로그램을 성능 좋은 프로그램으로 만들어간다. 45분 동안 문제 하나를 가지고 일어나는 일이다.

시계 바늘의 각도를 계산하는 데에는 일류대학에서 박사학위를 받은 사람이건, 독학으로 공부해 경험을 쌓은 사람이건 큰 차이가 없다. 일상에서 발생할 수 있는 문제를 해결하는 범위에서 이루어지기 때문이다.

지원자가 박사논문으로 '비디오 프로세싱'을 연구했다고 해서, 면접관이 그 분야의 질문을 할 수는 없다. 면접관이 그 분야를 잘 안다는 보장도 없으므로 대답을 들어도 이해하지 못할 수도 있다. 그런 질문과 대답은 무의미하다. 반대로 면접자의 비전공 분야의 전문 지식을 질문할 수도 없다. 전산학을 공부한 사람이라면 누구나 알 수 있는 기본 지식으로 서로 대화하는 것이 구글 엔지니어의 면접이다.

그렇다면 왜 구글 면접은 어렵다고 악명이 높은가? 이유는 두 가지다. 첫째는 여전히 "자기소개를 해보세요"와 같은 질문에 익숙해져 있기 때문이다. 둘째는 기본을 잊고 있기 때문이다. 우리는 학교에서 배운 기본을 학교를 졸업함과 동시에 다 잊어버린다.

공부를 하는 이유는 모르는 것을 배워서 익히고, 그 과정을 통해서 생각하는 힘을 키우는 데 있다. 이것이 구글이 면접자에게 바라는 조건이다. 또 이것이 공부의 기본에 충실해야 하는 이유다. 기본은 외워서 얻을 수 있는 것이 아니라 이해함으로써 얻어지는 것이다.

공부하지 않을 핑계를 찾는 것이 공부하는 것보다 더 어렵다

우리나라 최고의 도서관인 국립중앙도서관에는 9백만 권 정도의 책이 있고, 미국 의회도서관에는 약 1억 5천만 권의 책이 있다. 인터넷에는 그보다 더 엄청난 양의 지식과 정보가 널려 있다. 매년

웹의 URL 수는 두 배씩 증가한다. 구글 홈페이지의 내용에 따르면, 1년 전에 구글이 찾은 URL은 약 30조 개에 달하고 최근에는 약 60조 개에 달한다고 한다. 췌장암 조기진단기를 개발한 잭 안드라카처럼 마음만 먹고 매달려보면 할 수 있는 게 정말 너무나 많다.

이제는 돈이 없어서, 시간이 없어서, 머리가 나빠서 등의 핑계는 통하지 않는 시대다. 널려 있는 지식과 정보, 쌓여 있는 책들을 외면하고 산다는 것 자체가 정말 강심장이 아니고서는 어려운 일이다. 심지어 농사를 지어도 흙만 파던 시대는 지났다. 과학적 지식과 경험을 접목시켜 농사를 지은 결과 수확의 양과 질이 달라졌다는 보고가 넘쳐나기 때문이다.

다양한 경험은 매우 중요하다. 그러나 이러한 경험은 이론적인 근거나 정보, 과학적 기술이 바탕이 될 때 한층 더 빛을 발하게 된다. 그렇지 않으면 우물 안 개구리처럼 좁은 시야에 갇힐 수 있다. 매번 똑같은 방법으로 접근하면 공부에서든, 직장에서든, 장사에서든 한계에 부딪히게 마련이다. 그래서 기존과는 다른 새로운 방법이나 차별화된 방법을 찾아야 한다. 그런데 이러한 방법이 아무런 지식 없이 가능할까.

몇 년 전, 요리사 스스무 요나구니는 〈한겨레〉 신문에 '웨이터들의 피 말리는 전쟁'이라는 제목의 글을 기고했다. 내용은 뉴욕의 레스토랑 노부Nobu에서 일하는 웨이터들이 주로 어떤 서비스 교육을 받고 있는가에 관한 것이었다.

노부에서는 매일 영업을 시작하기 전 15분 동안 웨이터들의 전체 모임이 있다. 어제 홀에서 생긴 일과 실수한 것을 얘기하고 어떻게 문제를 고쳐야 할지 토의한다. 그리고 그날의 스페셜 메뉴에 대한 교육을 받고 직접 맛을 본다. 손님들에게 설명해주려면 메뉴를 잘 알아야 하기 때문이다.

그리고 일주일에 한 번 와인에 대해서도 공부한다. 소믈리에가 따로 있지만 좌석이 150개 정도 되는 식당에서 어떤 손님이 와인에 대해 물어보는데, "잠깐만요, 소믈리에를 불러올게요"라고 하면 장사에 지장이 있기 때문이다.

뿐만 아니라 손님들에게 뭔가를 팔려고 애쓰는 웨이터가 되지 않도록 철저히 교육받는다. 이러한 교육으로 단련된 웨이터들은 레스토랑의 이미지를 최고로 높이고, 이는 곧 실적으로 이어진다. 결국 레스토랑 노부의 성공 비결은 메뉴와 더불어 직원들의 서비스 교육에 있는 셈이다.

노부의 사례에서도 알 수 있듯이 성공을 하려면 꾸준히 공부해야 한다. 어떤 새로운 정보가 있는지, 이 사회의 트렌드가 무엇인지 꾸준히 들여다봐야 하고, 다른 사람들의 다양한 성공과 실패의 사례들을 타산지석으로 삼아야 한다. 공부는 미래의 나에 대한 가장 확실한 투자다.

어제 인터넷에서 우연히 본 명언 하나도 오늘 채용 면접에서 인상적으로 쓸 수 있고, 한 달 전에 배운 영어 조크 하나가 오늘 비즈니스에서 편안한 파트너로 보이게 하는 재료가 될 수 있다. 심지어 초등학교 1학년 때 배운 덧셈과 뺄셈을 평생 써먹고 있지 않은가. 이 얼마나 남는 장사인가. 이는 비단 영어, 수학 공부에만 해당하는 것이 아니다. 세상의 모든 지식과 경험은 나를 살찌우게 만들고 예기치 못한 곳에서 능력을 발휘하게 만들어준다.

영어를 못해서
앞으로 나아가지 못하면 억울하다

●

나는 최첨단 실리콘밸리의 핵심지역에 살면서도 여전히 경상남도 김해 스타일을 고집한다. 경상도 억양으로 영어를 하니 오죽하겠는가. 일단 내 얼굴부터가 한국 토박이 그 자체여서 얼굴만 딱 봐도 시골 출신이겠거니 짐작이 간다. 더욱이 뼛속까지 이과형이다 보니 수학과 물리는 자신 있어도 국어와 영어는 기피 과목이었다.

    대학생활 때나 한국에서 직장생활을 할 때나 영어 기피 현상은 계속되었다. 대학교 때 학생회관 토플수업도 듣다가 말다가 했고, 딱히 흥미도 없고 꼭 해야 할 이유도 없어서였는지 도무지 영어는 발전이 없었다. 그러던 어느 날 처음으로 영어로 대화를 하게 된 계기가 생겼다. 내가 다니던 직장에서 영어강의를 했던 캐나다인 강사와 수업 후 수강생들과 함께 저녁식사를 할 때였다. 영어 공부는 싫었는데 밥을 먹으면서 몇 마디씩 나누는 것은 그럭저럭 괜찮았다.

　그리고 그 자리에서 든 생각은 '열심히 잘하자'가 아닌 '그냥 편하게 되는 대로 하자'였다. 그렇게 생각하고 영어로 말했더니 거북하지 않았다. 그 후로 외국인 친구 몇 명과 친분을 맺게 되었다. 그러면서 알게 된 사실인데 그들은 내가 영어를 사용할 때 'am'을 쓰든 'was'를 쓰든 아니면 'is'를 쓰든 별로 신경 쓰지 않았고, 영어가 서툰 탓에 문장 어딘가에서 분명 틀린 부분이 있었을 텐데도 알아서들 잘 이해했다.

영어를 잘하려면 '배 째라' 정신으로 해야 한다

　그런 경험을 한 이후 영어에 대한 나의 철학이 바뀌었다. 즉 '너희가 내 말을 알아들어라. 못 알아듣겠으면 다시 물어라. 그래도 못 알아듣겠으면 한 번 더 말해주랴?' 하는 식의 '배 째라' 정신이 생긴 것이다.

　싫은 소리 한 번 못하고 살아온 국보급 나노 A형인 내가 외국인들에게 이렇게까지 말하는 것은 마치 언어폭력을 휘두르는 것과 같다. 그러나 곰곰이 따져보면 내가 네이티브 잉글리시 스피커도 아닌데 유창하게 잘하지 못한다고 자책하거나, 내 영어를 그들이 잘 못 알아들을 때마다 잔뜩 주눅 들 필요는 없을 것 같다. 물론 공식적인 자리에서는 그러면 안 되겠지만, 상대방을 지나치게 의식하고 긴장해서 정말 중요한 이야기를 할 타이밍을 놓쳐서는 안 된다는 얘기다.

나는 비록 영어는 잘 못하지만, 그래도 미국인들보다 언어 면에서는 내가 더 우월하다고 생각한다. 그들은 영어 하나만 잘하지만 나는 한국어를 잘하고 영어도 조금 하는 편이니까 말이다. 실제로 제2외국어를 할 줄 모르는 미국인들은 나 같은 이중 언어 사용자인 '바이링구얼Bilingual'을 부러워한다.

그러니 영어 좀 못한다고 기죽지 말자. 외국 사람이 한국말을 유창하게 하지 못하거나 아이처럼 몇 개의 단어로 더듬더듬 말해도 그걸 당연하다고 생각하지, "왜 이렇게 한국말을 못해"라며 흉을 보지는 않지 않은가. 그들도 똑같이 생각할 것이다. 그러므로 영어는 아기가 말을 배울 때처럼 문법 다 틀리게 말해도 된다. 긴장을 풀고 일단 영어로 말을 시작하라.

영어는 엄청난 정보원이 되어 수익을 안겨준다

미국에서 10년 넘게 직장생활을 하면서 느낀 점은, 한국 사람들은 영어로 말하는 데 유난히 콤플렉스가 강하다는 것이다. 특히 독해가 능숙해도 말하기가 약하면 자신은 영어를 못한다고 규정짓는다. 그러나 최근에는 말하기와 듣기도 중요하지만, 읽기가 더 중요해진 시대다. 인터넷이 콘텐츠를 무한정 공급하면서 최고의 정보원으로 급부상하고 있기 때문이다.

앞에서도 말했듯이, 구글은 전세계 인터넷상에서 지금까지 고유한 URL을 가진 웹문서를 약 60조 개를 찾아냈다(2013년 기준). 그리고 이러한 URL은 해마다 두 배씩 증가하고 있다. 그런데 안타깝게도 그중 한국어로 만들어진 웹문서는 0.3퍼센트에 불과하다. 만약 천재적인 두뇌를 가진 사람이 한국어 웹문서를 모두 머릿속에 집어넣는다고 상상해도 전체 웹문서 중 고작 0.3퍼센트일 뿐이다. 한 가지 예를 들어보자.

최근에 소치 동계올림픽을 계기로 과거 동계올림픽들에 관한 정보에도 관심이 높아졌다. 이와 관련해서 한국어로 인터넷 검색을 하면, 위키피디아 페이지를 제외한 나머지 웹페이지에는 메달 소식이나 이슈가 된 선수들 기사가 가득하다.

좀 더 색다른 정보를 찾기 위해 올림픽 공식 홈페이지Olympic.org에 들어가 보니, 영어와 프랑스어로만 서비스를 제공하고 있었다. IOC 본부가 있는 스위스의 로잔이 영어와 프랑스어를 공용어로 사용해서 그런지는 모르겠지만, 하계올림픽과 동계올림픽의 모든 정보들은 이렇게 두 가지 언어로만 정리되어 있다. 즉, 한국어 검색으로는 다양한 정보를 얻을 수 없다는 말이다.

예를 들면, 전쟁중이던 조국 아프카니스탄에 첫 올림픽 메달을 안겨준 선수가 있었다. 로홀라 닉팔Rohullah Nikpal이라는 태권도 선수인데, 그는 2008년 베이징 올림픽 경기에서 58kg 이하 플라이웨이트급에서 대만 선수를 꺾고 동메달을 차지했다. 혼란스런 자국에 기쁨을 안겨준 닉팔 선수가 첫 동메달에 입맞춤하는 모습은 상당히 감동적이었다.

또 체조에서 길이길이 기억에 남을 만한 요정이 한 명 있었는데, 바로 루마니아의 나디아 코마네치Nadia Comaneci 선수다. 이 선수는 1976년 몬트리올 올림픽에서 올림픽 체조 역사상 최초로 만점을 받았다. 이렇게 흥미로운 사실들을 올림픽 공식 홈페이지에서는 쉽게 찾을 수 있다. 단 전부 영어로 된 정보다.

이는 스포츠 관련 내용에만 국한되지 않는다. 학술·예술·사회·대중문화 등도 마찬가지다. 그러므로 어느 한 분야에 흥미와 관심을 갖고 인터넷상에서 그 지식을 끝없이 흡수하고 싶다면 영어 독해 능력을 키우는 데 힘써야 한다. 늘 필요한 정보를 찾아 나의 지식창고에 쌓아가는 훈련을 해야 한다. '시간 죽이기'식의 게임하기와 영화나 만화 보는 시간, 카톡 하는 시간은 나한테 살이 되고 피가 되는 지식과 정보를 내다버리고 있는 '헛된' 시간일 수 있다. 더불어 꼭 입시나 입사 준비를 위해서가 아니라, 남은 인생을 위해서라도 영어 공부를 하면 참 좋겠다.

내 분야를 잘 알면, 영어에 대한 자신감도 저절로 생긴다

일에 대한 자신감이 없을 때는 한국말로 토론해도 자기주장을 확실히 펴지 못하고 버벅거리게 된다. 그러나 일에 대해 충분히 자신감이 있다면 영어가 좀 부족해도 큰 문제가 안 된다. 영어는 수단이기 때문이다.

앞에서 이야기한 원구의 경우는 영어 때문에 스트레스를 많이 받아왔다. 그러나 자기 업무에 대한 출중한 능력에서 배어나는 자신감으로 영어 핸디캡을 극복했다.

나에게 '검색'에 관한 얘기를 해보라고 하면 몇 시간이고 끄떡없다. 11년 전 구글 입사 인터뷰가 끝나고 나서, 지금 구글검색팀의 부사장인 벤 곰즈Ben Gomes와 30분 더 특별한 면담 시간을 가졌었다.

벤은 내게 한국어 검색에 대해 알고 싶으니 상세히 얘기해 달라고 했다. 그때 나는 영화 〈유브 갓 메일〉에서 캐서린(맥 라이언)이 조(톰 행크스)에게 고민을 상담할 때 소매를 걷어붙이며 "그래, 진작 이걸 물었어야지" 하는 장면처럼, 신바람이 나서 말하기 시작했다. 바로 직전 인터뷰 때까지만 해도 그렇게 버벅대던 영어가 줄줄 나왔다. 내가 그렇게 영어를 잘할 수 있다는 사실도 그때 처음 알았을 정도다. 그 30분간의 대화는 너무나 즐거웠다.

반면 이상하게도 나는 고급 레스토랑에서 주문을 할 때는 꿀 먹은 벙어리가 된다. 물론 아내가 다 알아서 주문해주니까 그렇기도 했지만, 촌놈인지라 그런 레스토랑에서는 뭘 어떻게 주문해야 하는지 모르니 당연할 수밖에 없다.

세상이 달라졌고, 영어공부법도 달라졌다

학창시절 친구들 중에 유독 다른 과목은 싫어하고 잘하지도 못하면서 영어는 열심히 하고 잘했던 친구가 있다. 그 친구는 졸업하고 사회에 나가서도 영어가 든든한 자산이 되어주었다고 말한다. 초·중·고등학교 때 공부한 과목들 중에 영어만큼 본전 생각 안 나는 과목도 없지 않을까 싶다.

영어 공부를 몇 년이나 했는데도 별 발전이 없다고 말하는 사람에게 'hello'를 아느냐고 물어본다. 아주 어릴 때 배운 'hello'라는 말은 지금도 가장 많이 써먹지 않느냐고. 우리는 이 단어를 얼마나 많이 듣고 말하고 읽어 왔는가. 그런데 토플 책 한 권 들고 다닌 지 몇 달밖에 되지 않았음에도, 아무리 해도 늘지 않는다고 안달하는 사람들이 있다.

말콤 글래드웰Malcolm Gladwell의 《아웃라이어Outliers》에 보면 '1만 시간의 법칙10,000 hours rule'이란 말이 나온다. 어떤 분야에서 성공하려면 1만 시간 동안 열심히 연습해야 한다는 것이다. 지인 중에 전직 스키 선수였던 분이 있는데, 그는 얼마 전까지 코치들을 가르치는 일을 하다가 지금은 은퇴해서 캘리포니아에서 골프를 즐기며 살고 있다. 그가 말하길, 스포츠도 어떤 종목이 됐든 1만 시간만 열심히 연습하면 어지간한 실력은 갖출 수 있다고 한다. 1만 시간이면 하루 세 시간씩 하루도 안 빠지고 10년이다. 영어도 이 정도 하면 좀 하지 않겠는가.

그러나 빠른 시간 안에 영어를 잘하고 싶은 욕심이 있는 사람이라면 환경을 바꿔볼 필요도 있다. 첫째, 한국 사람이 없는 곳으로 유학을 가라. 어딜 가든 한국 사람이 많긴 하지만 기왕 갈 거면 한국 사람이 적은 곳을 골라 유학을 가라. 둘째, 한국말을 전혀 모르는 외국인 친구를 사귀고 매우 친하게 지내라. 셋째, 영어를 써야 하는 곳에서 일을 하라.

마지막 방법이 가장 확실한 방법일 수도 있다. 이태원에 가보면 가게 주인들이 외국인을 상대로 문법에 맞든 안 맞든 상관하지 않고 영어로 농담까지 주고받으면서 물건을 파는 걸 볼 수 있다. 영어로 먹고살 수밖에 없는 환경에 놓이면 생존본능이 발동해 영어가 빨리 늘 수밖에 없다. 나 또한 세 번째에 해당한다.

물론 위의 세 가지 중에 하나를 골라 현실에 적용하는 건 쉬운 일이 아니다. 영어를 유창하게 하는 것만큼이나 힘든 일이다. 그러나 찾아보면 방법이 있다.

가장 좋은 방법은 영어를 '공부'라고 생각하지 않는 것이다. 우리가 한국말을 배울 때 공부라고 생각하며 배우지 않는 것처럼 말이다. 공부라는 말은 누구에게나 거북하다. 언어는 오랜 기간 몸에 익숙해져야 하는 것이니 작은 단위의 시간으로 목표를 세워 그냥 읽고 듣고 쓰자.

    디지털 세상이 되면서 정말 편해진 게 영어 공부다. 예전에는 대학생이나 직장인이 새벽 밥 먹고 영어학원에 가야만 공부를 할 수 있었다. 그러나 이제는 몇 번의 클릭으로, 그것도 무료로 얼마든지 할 수 있는 세상이다. 영어를 공부하는 게 끔찍했다던 사람조차도 미국 드라마 〈위기의 주부〉를 보면서 생각이 달라졌다고 했다. 처음엔 안 들리던 대사도 이야기 흐름에 따라 귀를 맡기다보면 조금씩 들리게 된다. 또 SNS로 사귄 외국인 친구와 단문으로 대화를 주고받다 보면 영어가 조금씩 늘고 있음을 느낄 수 있다. 이 외에도 유튜브나 TED 강연, 미국 대학 강의 등 돈 안 들이고 내가 원하는 시간에 공부할 수 있는 기회는 무궁무진하다.

경상도 토종 구글러의
영어 공부법을 따라해보자

●

나는 영어 공부도 엔지니어가 일하고 배우는 방식대로 했다. 단계를 쪼개고 쪼개서, 나의 현 수준을 파악해가면서 조금씩 개선해나갔다. 읽기·말하기·쓰기·듣기에 따라 공부법을 달리했다. 물론 영어보다 업무상의 전문성을 우선시해야 한다는 생각에는 조금도 변함없지만 말이다.

지금부터는 내가 어떻게 경상남도식 '버벅 영어'에서 서서히 탈피할 수 있었는지 그 방법에 대해 말하고자 한다. 대단한 비결은 아니다. 하지만 나의 좌충우돌 경험담이 영어 때문에 힘들어하는 여러분에게 조금은 도움이 될 것이라 믿는다.

Reading › 관심 있거나, 자신 있는 분야의 글을 읽어라

나의 일이나 관심사는 IT쪽인지라, 구글에 대한 글이나 인터넷 관련 영문 기사를 주로 챙겨본다. 잘 아는 주제나 관심 분야에 관한 글을 읽으니 내용이나 흐름을 파악하는 데 시간이 오래 걸리지 않아 읽기가 한결 쉽다.

이때도 무조건 많이 읽으려 하지 말고, 흥미를 가지고 즐길 수 있는 글을 골라서 읽어야 한다. 류현진 선수의 팬이라면, 류 선수의 기사를 ESPN 사이트나 영문 뉴스를 검색해서 읽어보자. 눈에 쏙쏙 들어올 것이다. 아이폰 마니아라면 아이폰의 새로운 모델에 대한 소문을 영문 뉴스로 찾아서 읽어보자. 이처럼 관심 분야의 글을 읽으면 영어 공부에도 도움이 될 뿐 아니라, 중도에 쉽게 포기하지 않게 된다.

영어책 읽기를 싫어하는 아이들도 《해리포터》를 읽는 건 좋아하는데, 문맥이 쉽게 이해되기 때문이다. 친숙한 내용일수록 그만큼 영어로 읽는 것에 대한 부담이 줄어든다. 그리고 길이가 짧은 글일수록 끝까지 읽기가 수월해지므로 가능한 한 짧은 글을 골라 읽어라. 한 번 선택한 글을 끝까지 읽어야 또 다른 글을 읽고 싶은 동기 부여가 생긴다. 다시 말해 '읽기'의 자료는 독해 실력을 높이는 데 도움이 되느냐로 선택하지 말고, 재미있게 읽을 수 있느냐로 선택하는 게 좋다.

미국 초등학교에서는 학년마다 독서 수준을 정해놓고, 그 수준에 맞는 올바른 책 읽기를 권한다. 수준에 맞는 책이란, 한 페이지 내에 모르는 단어가 2개 이하일 경우를 말하는데, 2개 이상이면 그 책은 해당 학생의 수준으로 읽기에는 어렵다는 것이다. 이는 어른의 경우도 마찬가지여서 모르는 단어를 일일이 찾아가면서 읽는 것보다는 문맥상 한두 개의 단어를 몰라도 자연스럽게 내용이 이해되는 책을 선택해 읽는 것이 좋다. 흐름이 자꾸 끊기면 읽기가 힘들어진다. 따라서 자신의 직업 및 관심 분야와 연관성이 있는 내용을 먼저 찾아 읽고, 어느 정도 실력이 늘었을 때에 다양한 분야로 넓혀가는 것이 좋다.

영어로 된 책이 부담스럽다면 만화책으로 도전해보자. 얼마 전 나는 왜 사람들이 구찌나 루이비통과 같은 명품 브랜드에 열광하는지 그 이유가 알고 싶어졌다. 하지만 워낙 패션 분야는 문외한이어서 책을 사서 읽은들 무슨 말인지 이해나 할 수 있을까 걱정스러웠다. 그래서 인터넷에서 먼저 정보를 찾아보기로 하고 검색하던 중, 《패션의 탄생》이라는 만화책을 알게 되었다. 재미있는 내용에 그림까지 곁들여지니 글만 빼곡히 적혀 있는 책보다 한결 쉽게 접근할 수 있었다.

영어라서 읽기 부담스럽다고 생각하기 전에 그 글에 '재미'와 '관심'을 갖고 있느냐를 먼저 체크해보자. 영어가 아닌 한글로 된 책이라도 재미나 관심이 없으면 읽기 싫어지기 마련이다.

Listening〉 듣고 싶은 것, 재미있는 것만 들어라

유치원에 다니는 어린아이에게 유튜브에서 찾은 〈꼬마버스 타요〉나 〈뽀로로〉의 영어 동영상을 보여주면 상당히 좋아한다. 이는 어른들도 마찬가지다. 그러므로 스릴러·액션·로맨스·코미디 등 장르에 상관없이 자기가 좋아하는 미드를 골라서 보자. 단 처음부터 자막에 의존해서는 안 된다.

대부분의 사람들은 두 가지를 동시에 하기 힘들다. 인간의 두 뇌는 1초당 대략 110비트의 정보를 처리할 수 있으며, 한 가지 일을 처리하는 데 적어도 60비트의 용량이 든다고 한다. 그러므로 보통 사람이라면 두 가지 일을 동시에 처리하는 데 한계를 느낀다. 즉, 자막을 보면서 영어를 듣는 게 힘들다는 말이다.

자막 없이 드라마를 보다 보면 전개상 흐름을 이해하기 위해 더 귀를 기울이게 되므로 자막을 볼 때처럼 흘려들을 수가 없다. 만약 이 방법을 제대로만 지킨다면 나는 개인적으로 직장인들이 영어 학원에 다니는 것보다 미드를 열심히 보는 편이 훨씬 도움이 된다고 생각한다. 가족들에게 잔소리를 들을 정도로 몰입하여 미드를 보길 바란다.

또 하나는 들으면서 '받아 적는 것Dictation'이다. 나는 TED 강연 중 재미있는 주제의 강연을 발견하면 mp3로 저장한 후 계속 반복해서 들으면서 전부 영어로 받아 적는다. TED에서 자신이 관심 있는 주제를 골라보자. 다양한 주제를 다룬 강연이 많으니 얼마든지 흥미를 느낄 만한 강연을 찾을 수 있다. TED 강연은 한글로 번역된 것도 있어 내용이 궁금하면 쉽게 찾아볼 수 있겠지만, 나는 내 방식대로 내용을 다 받아 적을 수 있을 만큼 듣고 또 들었다. 그러고 나서 내가 받아 적은 것을 보면서 다시 들어본다. 반복할 때마다 더 잘 들리는 것을 느낄 수 있고, 그 순간 뿌듯하다. 그 순간은 영어 공부가 아니라, 영어가 느는 재미에 빠져드는 것이다.

Writing & Speaking〉 짧은 문장을 구사하고, 바로 피드백을 받아라

SNS를 즐긴다면 외국인 친구와 SNS로 사귀어보라. 외국인과 친구가 되면 일단 영어를 쓸 수밖에 없고, SNS상에서만 소통하기 때문에 내 영어 문장이 문법적으로 맞는지 틀렸는지에 대한 부담도 상대적으로 적어서 편하게 대화할 수 있다. 그러다 보면 영어에 대한 자신감도 자연스럽게 높아진다.

이때 '나는 외국인 친구에게 도움을 받는 입장'이라고 생각하지 말자. 우리가 글로벌 라이프를 위해 노력하는 것처럼, 외국인들도 다른 나라의 문화와 사회를 접해보려고 많은 노력을 기울인다. 또 내가 외국인들과의 교류를 통해 영어 실력을 높이고자 하는 것처럼, 그들 또한 나를 통해 문화적 다양성을 경험하고자 한다. 즉 동등한 위치인 것이다.

타 문화를 알고 싶어 하는 외국인 친구들은 개방적인 성향을 갖고 있으며, 눈치가 빨라서 몇 가지 영어 단어만으로도 상대방이 무슨 말을 하고자 하는지 쉽게 간파한다. 그러므로 영어를 정확하게 잘해야 한다는 강박을 버리고, 시험 삼아 단어 몇 개만이라도 던져보자. 우리나라 사람들은 상대방의 이야기를 잘 이해하지 못했을 경우 되묻지 않고 은근슬쩍 넘어가는 데 비해, 서양 사람들은 되물어보는 경우가 많다. 그러니 부담 갖지 말고 자신이 할 수 있는 만큼만 하고, 나머지는 듣는 사람에게 맡겨 피드백을 받아보자.

단, 문장은 짧게 하려고 노력해야 한다. 처음부터 문장을 길게 쓰려고 하면 말이 꼬여 쉽게 포기하게 된다. 짧은 문장으로 대화하고 바로바로 상대의 피드백을 받아야 내 영어가 통한다는 것을 느끼게 되고, 흥미가 생겨 더욱 열심히 하게 된다.

영어를 잘하고 싶다면 어떤 강의를 들을까, 어느 교재를 선택할까를 고민하지 말고, 어떤 방법으로 즐길 것인가를 고민해야 한다. 무작정 영어 학원부터 등록해놓고는 서너 번 가다 그만두기를 반복하지 말라. 그러면 영어 공부가 그야말로 공부가 되고 만다.

영어에 발목 잡히지는 말자

구글에 대한 강연을 하거나 채용 이벤트를 진행해 보면 가장 많이 나오는 질문 중 하나가 바로 영어에 관한 것이다. "토익점수는 얼마나 되어야 하나요?", "면접은 영어로 보나요?" 등등. 구글뿐만 아니라 외국 기업에 입사하고 싶은 사람이라면 당연히 궁금해할 수 있는 질문이다.

그런데 면접은 응시자가 한국 사람이면 한국말로, 외국 사람이면 영어로 본다. 영어를 잘 못하는 한국 사람은 굳이 영어로 면접을 보지 않아도 된다. 면접은 무슨 언어로 하는가가 중요하지 않기 때문이다. 그보다 '무엇을 묻든 자신 있게 답할 수 있는가?'를 더 중요하게 여긴다. 한국말로 면접을 통과할 준비가 되어 있다면 그 다음으로 그 회사와 부서 그리고 팀에서 요구하는 조건을 잘 살펴봐라. 영어 능력이 필수라면 영어로 '잘' 말할 수 있어야 한다. 하지만 그런 조건이 없다면 학창시절에 배운 영어, 학원에서 배운 영어로도 충분하다.

만약 영어로 면접을 해야 하는 경우, 서툰 영어 탓에 나의 실력을 제대로 발휘할 수 없다면 가능한 한 많은 예상 질문을 뽑아 미리 영작해두자. 그리고 그 영작문을 다 외우자. 이 정도 노력도 하지 않을 거라면 그 회사는 지원하지 말라고 조언하고 싶다.

구글 본사에서 근무하는 한국 사람들 중에서도 영어가 잘 안 되는 이들이 꽤 있다. 그런데 그들 대부분이 영어 때문에 힘들어하지 않는다. 소프트웨어 엔지니어들은 프로그래밍 실력이 곧 그들의 언어이기 때문이다. 정말 능통한 영어가 필요한 포지션이라면 당연히 영어 실력이 전제되어야겠지만 그렇지 않은 분야라면 영어 때문에 입사를 못하거나 일을 하는 데 지장이 생기지는 않는다.

미국으로 출장 온 구글코리아의 한 팀원은 미국 엔지니어와 나란히 앉아 일을 해야만 했다. 옆자리에 앉았으니 말은 해야겠고 영어는 잘 안 되고…… 고민 끝에 이 사람이 제안한 것은 채팅이었다. 옆에 나란히 앉아서 채팅으로 대화를 시도한 것이다. 글이 말보다 편하면 이것도 좋은 방법이다. 유창하지 않아도 영어로 소통하고 일하는 방법은 얼마든지 있다.

영어가 절대적으로 필요한 직종이라면 모를까, 그렇지 않다면 영어에 대한 부담을 떨쳐버려라. 영어에 너무 신경을 쓰다 보면 영어를 마치 입시 공부하듯 하게 된다. 하지만 영어는 내가 필요한 것을 더 많이 배우고 경험하게 해주는 도구일 뿐이니 괜히 영어에 발목 잡히는 일이 없도록 하자.

종종 자전거나 전기스케이트 보드를 타고 달리는 구글 쿼드 캠퍼스 입구.

Chapter 3

새롭게 시작하기

재미없는 일이 재미있게 느껴지는 순간이 있다. 그 순간은 바로 내가 하는 일에 열중하고 몰입해서 어떤 결과물을 내고 거기에서 성취감을 느낄 때다. 자신의 일에서 재미를 느끼려면, 그 일에 몰입하고 노력해서 결과를 만들고 성취를 느끼는 과정을 거쳐야 한다. 그러면 더 재미있어지고, 더 몰입하게 되고, 더 노력하게 되어, 더 좋은 결과물을 만들어내게 된다.

멘토를 찾을 줄 알아야
멘티가 될 자격이 있다

●

 구글 부사장인 매트 커츠는 구글 웹마스터 비디오 등으로 전세계 사람들과 커뮤니케이션하고, 수많은 대중 앞에서 강연을 한다. 이러한 그가 미국에서도 시골에 속한다는 켄터키 주에서 자란 촌뜨기였다고 하면 누가 믿을까. 언젠가 그에게 어떻게 하면 그렇게 강연을 잘할 수 있는지 비결을 물은 적이 있다. 나는 그가 원래부터 말주변이 좋았을 거라고 생각했다. 그런데 돌아온 답변은 나의 예상을 보기 좋게 빗나갔다.

 그는 중학생 때까지 사람들 앞에 서는 것조차 두려워할 정도로 소심했다. 수업시간에 프레젠테이션을 할 때마다 보통 곤혹스러운 것이 아니었다고 한다. 사전에 준비를 철저히 해도 준비한 만큼 제대로 전달할 수 없었으니 얼마나 속상했겠는가. 그래서 학교 스피칭 팀에 들어갔고 때마침 그곳에서 좋은 강사를 만났다고 한다. 강사는 그를 복도에 있는 청소도구 창고에 밀어 넣고 깜깜한 창고 벽에 대고 수십 번, 수백 번 말하기 연습을 시켰다고 한다. 그는 당시 그 강사 덕분에 자신이 지금 이 자리에 서 있는 것이라고 말했다.

지금 나의 멘토는 누구인가 생각해보자

그의 이야기를 들으면서 나는 멘토의 역할에 대해 생각했다. '멘토'라고 하면 가깝게는 나보다 더 다양한 경험을 한 인생 선배나 성공한 사람, 혹은 주옥같은 명언을 남기거나 큰 업적을 남긴 위인들이 먼저 떠오른다. 전형적인 멘토 상이다.

멘토는 공부를 하거나 직장생활을 할 때 큰 도움이 된다. 아직 멘토를 만나지 못한 채, '나의 멘토는 어떤 사람이어야 할까', '어디서 찾을 수 있을까'를 걱정하는 사람들에게 말하고 싶다. 사람마다 성공과 행복에 대한 해석이 다르듯, 자신에게 필요한 멘토도 각각 다르다는 것을.

과거의 인물이든 현재의 인물이든, 멀리 있든 가까이 있든, 나이가 많든 적든 상관하지 말고 먼저 내 주위에서 멘토를 찾아라. 그리고 도움을 청하고 받아라. 내 삶 아주 가까이에서, 나의 장단점을 잘 아는 사람이 나의 멘토가 되어준다면 더 이상 좋을 수 없다.

멘토링의 방법까지 수학 공식처럼 만들어두고 다른 사람을 쫓아할 필요는 없다. 매트 커츠 부사장의 스피칭 강사는 시골 학교의 이름 없는 강사일 뿐이었지만, 매트 인생의 가장 큰 걸림돌을 치워준 소중한 멘토다. 그 역할은 좋은 책, 훌륭한 교수, 사회 저명인사도 해줄 수 없다.

지금 나에게 맞는 멘토는 과연 누군지 치열하게 생각해보자. 가만히 있는데 멘토가 알아서 저벅저벅 내게로 걸어오는 일 따위는 없다. 나에게 필요한 멘토는 내가 앞장서서 찾아나서야 한다. 그러기 위해서는 먼저 내게 필요한 멘토링이 무엇인지부터 생각해봐야 한다. 매트 커츠가 말하기 연습을 위해 스스로 스피칭 팀을 찾아간 것처럼 말이다.

멘토가 있으면 시작부터 효율적으로 할 수 있다

처음 가는 길은 갈 때보다 돌아올 때가 더 빠르고 편하다. 가는 동안 그 길의 지형지물을 신경 써서 봐둔 덕에 어디까지 왔는지, 앞으로 얼마나 남았는지를 예측할 수 있기 때문이다. 그뿐인가. 돌아오는 길은 '한 번 갔던 길인데……'라는 자신감을 줘서 주변 풍경을 감상할 수 있는 여유마저 준다. 멘토링은 이처럼 '돌아오는 길'

과 같은 효과를 준다. 예측이 가능하기 때문에 쉽게 갈 수 있고, 시야가 넓어지고, 안심할 수 있다.

2003년 구글 입사자 중에 외국에서 직접 건너온 사람은 나밖에 없었다. 모든 것이 낯설고 힘든 상황이었고 회사의 도움을 받는 데도 한계가 있었다. 구글 본사에 비자나 이민 관련 일을 담당하는 부서가 생긴 지도 채 일주일이 안 된 때였고, 자기가 인사팀의 유일한 팀원이라며 나를 도와주겠다고 나선 친구도 입사한 지 일주일밖에 안 된 사람이었다. 그가 구글 캠퍼스를 구경시켜주겠다고 해서 쫓아갔지만, 당시의 구글 캠퍼스는 2층짜리 작은 건물 4개 동이 전부였다. 게다가 인사팀 직원은 바로 옆 건물로 가면서 자신도 이 건물은 처음 들어가 보는 거라 잘 모른다고 했다. 그때 나는 제대로 된 교육이나 지원은 기대도 하지 말아야겠구나 싶었다.

한국과 다른 시스템 때문에도 적응이 쉽지 않았다. 아주 쉬운 일에서부터 복잡한 일에 이르기까지 수많은 시행착오를 겪어야 했다. 이곳에서는 시행착오를 겪으며 들이는 시간과 비용을 '교육비'라고 부른다. 당시 구글은 신생기업이었기 때문에 나는 어쩔 수 없이 그 교육비를 톡톡히 치렀다.

구글은 그러한 시행착오를 거쳐, 지금은 누글러Noogler, 구글의 신입 사원을 부르는 명칭에게 입사 후 3개월 동안 멘토를 지정해준다. 나는 누글러들에게 멘토가 도망 다닐 정도로 귀찮게 굴라고 말한다. 멘토의 역할은 멘티의 질문에 답을 해주거나, 자신이 답해줄 수 없는 질문에 대해서는 그 답을 가장 잘해줄 수 있는 사람이 누군지 알려주는 것이다. 그래서 누글러가 가장 짧은 시간 내에 구글러가 될 수 있도록 도와주는 역할을 한다.

복사기 사용법이나 회의실 예약법 등과 같은 단순한 것들부터, 프로그래밍하는 데 필요한 과정 등과 같은 전문적인 기술까지 도움을 준다. 선임자가 겪었던 시행착오를 똑같이 다시 겪을 필요가 없다. 이것은 회사나 개인 모두에게 득이 된다.

나는 팀에 들어온 새로운 직원에게 "모르는 것이 있으면 그날 퇴근할 때까지만 고민해. 다음 날까지 혼자 해결하려고 끙끙대는 것은 시간낭비야. 모르면 묻는 것이 상책이지"라고 당부한다. "시간이 걸려도 스스로 깨달으면 확실히 '나의 것'이 된다"고 말하는 선배들도 있지만, 그것은 너무나 아날로그적인 방식이다. 지금은 그렇게 하지 않고서도 확실하게 자기 것으로 만들 수 있다.

물론 묻고 배우는 데서 그치지 말고 더 발전해 나아가야 함은 두말하면 잔소리다. 세상에는 기존의 방식만으로는 풀 수 없는 새로운 문제들이 산적해 있다. 그렇게 쌓인 지식과 경험은 재사용되어야 하고, 누군가에게 발판이 되어야 한다. 내가 가진 지식을 내 것으로만 움켜쥐고 있으면 나에게도 남에게도 쓸모없는 것이 되어 버리고 만다. 이것이 지식을 공유하고 소비하는 바람직한 방법이다.

선임자의 지식을 후임자가 받아서 더 발전시키고, 그렇게 살찌운 지식을 또 미래의 후임자에게 넘겨야 한다. 워낙 변화가 빠른 세상에 살다 보니 정보 또한 따끈따끈할 때 내 것으로 만들지 못하면, 무용지물이 되어버리는 시대가 왔다. 한마디로 '아껴두면 똥 되는 것'이다. 그러므로 사회 전체적으로 멘토링을 보편화하는 것이 무엇보다 중요하다.

나도 누군가의 멘토가 되어야 한다

이는 회사 밖에서도 마찬가지다. 미국에서 생활하다 보면 여러 가지 문제에 봉착한다. 운전면허증은 어떻게 발급받고, 차는 어떻게 사고, 집은 어떻게 구하고, 아이들 학교는 어떻게 보내고, 병원은 어떻게 이용하며, 의료보험은 어떻게 발급받아야 하는가 등의 문제인데 이 어려움을 해결하는 과정을 문서로 남기면, 이후 다른 사람이 같은 문제에 부딪혔을 때 참고할 수 있다.

초창기에 미국생활을 한 사람들은 하나하나 직접 경험하면서 터득한 것들을 이후에 오는 사람들에게 전달해서 그들이 시행착오를 줄이고 더 빨리 안정적인 생활을 할 수 있도록 도움을 주어야 한다. '나도 당했으니 너도 당해봐라'가 아닌 '내가 당했으니 너는 당하지 말아야 한다'는 생각을 가져야 한다. 만약 당신이 '상대를 꺾어야만 내가 이긴다'는 잘못된 경쟁의식을 가지고 있다면 이 말에 크게 공감하지 못할 것이다. 하지만 나에게 멘토가 필요하듯 나도 누군가에게 멘토가 될 자세가 되어 있어야 한다.

요즘은 인터넷에 자신의 경험담을 올려 다른 사람이 같은 시행착오를 겪지 않도록 도와주는 사람들이 많아졌다. 이는 멘토링의 한 형태라 할 수 있다. 그리고 이것이 가능하게 된 이유는 모든 것이 오픈되고 공유되는 디지털 시대에 살고 있기 때문이다.

나보다 더 유능해야 나의 멘토가 될 수 있는 것은 아니다

멘토와 멘티는 둘 중 누구 하나가 더 잘나고, 더 많이 경험하고, 더 나이가 많아야 되는 것은 아니다. 그리고 멘티도 멘토의 멘토가 될 수 있다. 가르치면서 배울 수 있고, 배우면서 가르칠 수도 있다. 우리는 모두 서로에게 영향을 주고받으면서 살아간다.

미국이나 한국이나 똑같은 게 있다. 해마다 1월 초면 휘트니스 센터가 북새통을 이룬다는 것이다. 너도나도 '새해에는 운동해야지' 하는 목표를 가지기 때문이다. 물론 미국 사람들도 작심삼일이다. 사람은 다 똑같다. 공부나 운동처럼 꾸준하게 해야 할 일이라면 혼자 하는 것보다는 '다 같이' 하는 것이 분명 도움이 된다. 서로 의지하고, 서로 포기하지 않도록 격려하고 때로는 약간의 부담을 가지면 3일 하고 그만둘 것도 1년 이상 지속할 수 있다. 그러면서 서로의 장단점도 배우게 된다.

4년 전, 통통한 배에 식스팩을 만들어보겠다고 인혁과 함께 구글 휘트니스 센터에서 이대일 트레이닝을 받은 적이 있다. 트레이닝을 받아본 사람들은 알겠지만, 그것을 받는 동안은 세상에서 제일 얄미운 사람이 눈앞에 있는 트레이너다. 그는 나 혼자 하면 열 번 들고 말 역기도 꼭 열두 번씩 들게 시킨다. 그 마지막 두 번이 근육을 만드는 데 결정적인 작용을 할지는 몰라도, 그 두 번의 무게는 내 의지를 꺾어버릴 만큼 버겁다. 하지만 그럴 때마다 인혁과 나는 서로 웃음 한 번 지어주면서 그 마지막 두 번의 무게를 견뎌냈다. 그 눈웃음 덕분에 그나마 희미하게라도 배에 식스팩을 새길 수 있었다.

뭔가 실질적인 조언을 해주고, 솔루션을 찾아주고, 문제를 단박에 해결해주는 유능한 멘토가 있다면 더 이상 바랄 게 없을 것이다. 그러나 우리는 가슴속이 꽉 막혀 답답하고, 불끈불끈 화가 치밀어 오르고, 세상 모든 사람이 자기를 이해해주지 않는다고 생각하는 순간, 진지하게 넋두리를 들어주는 사람이 단 한 사람만 있어도 힘을 얻는다. 그리고 나는 그러한 사람이 진정한 '나의 멘토'라고 말하고 싶다.

멘티가 될 자세부터 갖추어야 한다

가끔 한국 학생들의 구글 방문 호스팅을 할 때가 있다. 한 명이든 단체든 가능한 한 한국 학생들이 많은 것을 느꼈으면 하는 바람으로 다양한 이야기를 해주려고 노력한다. 고등학생과 대학생들에게는 구글에 관한 것뿐 아니라, 뭘 생각하고 왜 공부해야 하는지에 대해서도 이야기해준다. 뭘 꿈꾸든, 어떤 진로를 선택하든 상관없이 오늘, 현재 해야 할 일들의 중요성과 마음가짐에 대해서도 이야기한다. 그들 중에는 지금까지 꾸준히 연락을 주고받는 학생들도 몇 명 있고, 원하는 곳이나 분야에 취직이 됐다는 반가운 소식을 전해오기도 한다.

사실 내가 그들에게 도움이 되는지는 잘 모르겠지만, 나는 확실히 그들에게서 도움을 받는다. 내가 그들에게 내 생각이나 경험을 이야기하는 순간, 나의 생각이 더 잘 정리되면서 '나도 더 열심히 살아야지' 하는 열정이 새로 솟아나기 때문이다. 누군가에게 "나는 이렇게 생각합니다"라고 소리 내어 말하고 나면, 은근히 그 말에 책임을 져야 할 것 같다. 사실 지금 쓰고 있는 이 글에도 천 톤보다 더 무거운 책임감이 실려 있다.

도움을 줄 수 있는 사람이 되어야 하지만, 도움을 받을 준비가 되어 있고 받는 것을 감사히 여길 줄 아는 사람이 되는 것도 중요하다. 말을 잘하는 것보다 상대방의 말을 집중해서 잘 듣는 것이 더 중요한 것처럼 말이다. 그리고 이것이야말로 진정한 팀워크의 요건이다. 일방적으로 도움을 주는 사람과 받는 사람이 따로 있을 수 없고, 윗사람도 아랫사람에게 도움을 받아야 하고 도움을 받으면 감사할 줄도 알아야 한다. 상사로서 창피해할 일이 아니다.

팀원의 도움을 받고 고마워할 줄 아는 것도 상사가 보여줄 수 있는 리더십이다. 오늘날 기업환경에서는 지시만 하고 위에서 군림하는 리더십이 아닌, 팀원을 비롯해 누구에게서든 항상 배우려 하고 도움을 받을 준비가 되어 있는 리더십이 필요하다. 구글에서도 도움을 받을 줄 모르는 사람은 기피한다. 제 아무리 실력이 뛰어나도 '나만 잘났다'라고 생각하는 사람은 팀원들의 전투력을 갉아먹는 존재가 될 수 있기 때문이다.

예전에 서울대학교를 우수한 성적으로 졸업한 후, 스탠퍼드에서 최고 점수로 석사과정을 마치고, MIT에서 박사학위를 받은 친구가 구글에 면접을 보러 온 적이 있었다. 그는 매우 똑똑했다. 일반적으로 면접에서 30분 걸려 푸는 문제를 10분 안에 그것도 아주 잘 풀었다. 여벌로 준비해간 두 가지 문제도 잘 풀었다. 그러나 면접 내내 말과 행동에서 '내가 최고야'라는 느낌을 많이 주었다. 겸손이라고는 전혀 찾아볼 수가 없는 사람이었다. 구글에서는 이런 것까지 면접 피드백으로 남기는데, 이 사람을 면접 본 다른 엔지니어 중에서 나처럼 느낀 사람이 두 명이나 더 있었다. 결국 그는 구글에 들어오지 못했다. 도움을 받을 준비가 안 된 사람은 도움을 줄 수도 없기 때문이다.

얼마 전 토마스 프리드만Thomas Friedman은 〈뉴욕타임스〉 칼럼에 라즐로 벅Laszlo Bock 구글 채용팀 부사장의 '구글러 채용 시 중요하게 생각하는 5가지 기준'을 소개했다. 그런데 그중 하나가 '겸손'이었다. IQ가 높은 사람보다는 책임감을 가지고 문제 해결을 위해 적극적으로 노력하면서 다른 사람의 아이디어를 존중할 줄 아는 사람이 구글에서 필요로 하는 인재라는 것이다. 겸손하지 않고서는 절대 배울 수 없기 때문이다. 벅 부사장은 이를 '지성적인 겸손'이라고 표현했다.

이제는 나이와 직급을 떠나 서로 도움을 줄 수 있고, 도움을 받을 준비가 된 사람이 되어야 한다. 그래서 서로가 서로에게 멘토가 되는 세상이 되길 나는 꿈꾸어본다.

효율적으로 하지 않으면
안 하는 것만 못하다

●

　내가 지금 타고 다니는 자동차는 도요타의 하이브리드 모델인 프리우스다. 아반테의 연비가 리터당 14~18.5킬로미터인데 프리우스는 21킬로미터 정도 된다. 이곳 실리콘밸리의 출퇴근 교통체증도 서울 강남만큼이나 심각하다. 그래서 차를 선택할 때 연비가 중요한 고려 대상이 된다. 내가 프리우스를 선택한 이유 역시 연비 때문이다. 이 차는 재밌게도 길이 막히면 막힐수록 연비가 올라간다. 출근길에는 거의 30킬로미터 가까이 나온다.
　왜 사람들은 자동차를 선택할 때 연비를 따지는 것일까? 같은 양의 기름을 넣고 더 많은 거리를 가니까, 결국 기름 값이 적게 들기 때문이다. 이런 차를 효율성이 높다고 여긴다. 공부도, 일도 마찬가지다.

공부든 일이든 효율적으로 해야 좋은 결과를 얻는다

공부할 때도 효율이 중요하다. 정해진 시간 내에 하나라도 더 머릿속에 넣어서 내 것으로 만들어야 한다. 같은 시간을 들여서 공부를 해도 더 효율적으로 한 학생이 시험점수를 더 잘 받기 마련이다. 직장인도 마찬가지다. 같은 시간 동안 주어진 일을 더 확실하고 깔끔하게 하려면 효율적으로 업무를 처리해야 한다. 이는 누구나 당연하게 여기는 사실이다. 그렇다면 과연 나는 지금 얼마나 효율적으로 공부하고 혹은 일하고 있는지 스스로에게 물어보자.

당연한 말이지만, 공부든 일이든 무조건 열심히만 해서는 안 된다. 요령을 피우라는 말이 아니라 효율적으로 하라는 말이다. 구글러들은 열심히 그리고 집중해서 일하기도 하지만, 그들의 일하는 방식을 딱 한 마디로 정의하라고 하면 '효율'이다.

구글러들의 일하는 법을 살펴보면 그들만의 공통점이 있다. 그것은 양보다는 질에 집중하여, 즉 효율적으로 일하는 것이다. 많은 구글러들이 효율적으로 일하는 방법을 찾아내려고 끊임없이 노력하고 있다.

효율적으로 일하려면 세 가지가 필요하다. 재미와 열정 그리고 주인의식이다. 우선 스스로 '재미'를 느껴야 한다. 재미를 느껴야 '열정'을 가질 수 있고, '주인의식'이 있어야 시간과 자원을 낭비하지 않고 몰입해서 효율적으로 일하게 된다.

재미를 느끼면 더 효율적으로 일할 수 있다

내가 좋아하는 일을 할 때는 그 어느 때보다 더 재미를 느끼며 몰입해서 하게 된다. 그런데 이상하게도 우리는 내가 하는 일보다 다른 사람들이 하는 일이 더 재미있어 보인다. 그렇게 재미있어 보이는 일을 직업으로 가진 사람들은 어떤 사람일까?

많은 사람들이 TV 예능 프로그램에 출연하는 사람들을 꼽는다. 유재석, 강호동 같은 국민 MC들을 보면 세상에 그렇게 재미있게 일을 하는 사람들도 없는 것 같다. 매일 뛰어다니면서 놀고, 어떻게 하면 웃길까를 연구하는 그 과정도 재미있을 것 같아서 '저런 직업을 가지고 싶다'라는 생각을 하게 된다. 게다가 즐겁게 일하면서 돈까지 많이 버니까 더욱 부럽다. 하지만 정말 그들도 그렇게 즐겁기만 할까?

이따금씩 하면 재밌는 일이지만, 매번 사람을 웃겨야 하는 게 직업이 되면 과연 예전처럼 재미있을까? 카메라 앞에 설 때마다 '시청자들을 웃겨야 하는데 못 웃기면 어떻게 하지'라고 생각할 텐데 그 부담감은 또 얼마나 클까?

얼마 전에 아이디어 회의를 포함해서 〈개그콘서트〉가 만들어지는 과정을 방송으로 본 적이 있다. 우리는 편안히 TV를 보며 마냥 재미있어 하지만, 그 프로그램을 준비하는 과정은 그렇게 재미있지만은 않았다. 매주 팽팽한 긴장감 속에서 끊임없이 연습해 녹화를 하지만 방송에 나오지 못하는 경우도 허다했다. 또 방송이 된다고 해서 모든 코너가 다 성공하는 것도 아니다. 그들은 사람들을 웃기는 능력을 키워가기 위해 최선을 다해 끊임없이 노력하고 있는 것이다.

결국 세상에 재미있는 일은 없다는 것이 내 생각이다. 재미있어 보이는 그들의 일도 부단한 노력과 인내심의 연속일 뿐이다. 남의 떡이 커 보이듯이 남의 일이 더 재미있어 보일 뿐이다.

그런데 그 재미없는 일이 재미있게 느껴지는 순간이 있다. 그 순간은 바로 내가 하는 일에 열중하고 몰입해서 어떤 결과물을 내고 거기에서 성취감을 느낄 때다. 자신의 일에서 재미를 느끼려면, 그 일에 몰입하고 노력해서 결과를 만들고 성취를 느끼는 과정을 거쳐야 한다. 그러면 더 재미있어지고, 더 몰입하게 되고, 더 노력하게 되어, 더 좋은 결과물을 만들어내게 된다. 그리고 더 큰 성취감을 느끼게 된다.

공부 잘하는 사람은 그 재미를 이미 알고 있다. 자기 일을 좋아하고 열심히 하는 사람은 그 성취가 얼마나 달콤한지 이미 아는 사람들이다.

한 번도 일이나 공부에서 재미를 느껴보지 못한 사람들은 자꾸 억지로 일하고 공부하게 된다. 그렇게 억지로 해서는 효율을 높일 수 없고, 성취감 역시 느낄 수 없다. 결국 끊임없는 악순환을 반복할 뿐이다.

머릿속의 서랍을 열어 자주 정리하고 꺼내보라

효율을 높이는 또 하나의 방법은 공유하면서 정리하는 것이다. 내 머릿속에 있는 것을 끄집어내 남에게 보여줘야 한다. 집들이 하듯이 말이다. 손님이 오면 오랫동안 하지 않은 청소도 하고, 소파도 다시 배치하고, 쌓아놓은 짐들도 치우며 정리정돈을 한다. 그렇게 내 머릿속 지식과 정보도 남에게 보여주려면 정리를 해야 한다. 두서없이 늘어놓을 수는 없으니까 말이다. 남에게 나의 생각과 지식을 들려주면서 나 역시 다시 한 번 확실하게 익히게 된다. 내 정보를 공유함으로써 내가 오히려 배우는 것이다. 공유와 정리, 이 두 가지는 희한하게도 구글러들이 추구하는 생활방식이기도 하다.

나만 알고 있는 지식은 무기가 될 수 있다. 어떤 사람들은 그 지식을 자랑하거나 남을 무너뜨리는 데 사용하기도 한다. 그런데 오늘날 지식을 무기로 쓰는 일은 전쟁터에서 '칼'이나 '창'을 휘두르는 일과 같다. 스스로 목표물을 조준하는 미사일이 날아다니는 최첨단 시대에 말이다.

그러나 남에게 다 보여줄 수 있는 지식은 나에게도 상대에게도 '선물'이 된다. 절대 무기가 되지 않는다. '아는 것이 힘'인 시대는 지났다. 이제는 '나누는 것이 힘'인 시대다. 이것이 공유와 정리가 필요한 이유다.

또 하나의 이유는 지식과 정보가 너무나 빠르게 움직이는 시대여서 내 머릿속의 지식이 얼마 지나지 않아 쓸모없는 것이 될 수도 있기 때문이다. 상한 음식이 될 수 있다는 말이다. 그러므로 따끈따끈할 때 꺼내서 함께 나눠야 모두가 즐길 수 있다. 또한 내 지식과 정보를 보기 좋게 정리한 식탁에 손님을 초대해서 함께 나누면 나도 상대가 준비한 식탁에 초대받을 수 있다.

이런 생각도 해볼 필요가 있다. 내가 알고 있는 지식이 과연 완전한 걸까? 내 머릿속에 있는 정보를 과연 내가 제대로 이해하고 있는 걸까? 지식이란 것은 끝이 없다. 내가 아무리 많은 것을 알고 있다 한들, 세상의 수많은 지식과 정보의 양에 견주어 보면 부끄럽기 그지없는 '점'과 같은 것일 수 있다. 내가 가진 지식을 정말 자랑하고 싶다면, 잘 정리해서 꺼내놓고 다른 사람들과 공유해야 한다. 그래서 으쓱해진다면 그 또한 기분 좋은 일이고, 말과 글로 내뱉는 과정에서 학습도 하고 정리도 된다. 그래서 지식은 나를 위해서도 남을 위해서도 공유해야 한다. 정보를 공유하고 지식을 나누는 것은 곧 내가 가진 정보 이상의 것을 얻을 수 있는 또 다른 방법이다.

앞으로 어떤 집단이나 사회가 더 빠른 속도로 발전하고 행복해질 것이냐의 문제는 누가 더 '지식의 공유'를 제대로 실행하는가에 달려 있다고 생각한다. 지식 공유는 한 사람이 쌓은 탑에 다른 사람이 올라가 더 높이 벽돌을 쌓고, 또 다른 사람이 그 위에 벽돌을 올리는 것이다. 누구든 혼자 탑을 쌓아서는 도저히 세상의 흐름을 따라잡을 수 없다. 지식 공유를 통해 기존의 것을 바탕으로 더 나은 것을 만들어 모두 같이 사용해야 한다. 그 결과로 우리는 어마어마한 인적 물적 자원을 절약할 수 있고, 개발 속도도 상상을 초월할 정도로 높일 수 있다.

구글의 라즐로 부사장은 "지금 이 시대의 혁신은 개인이 아닌 그룹의 노력으로 만들어지고 있다. 그러므로 겸손, 협업, 융통성 그리고 배우고 또 재학습하는 것을 즐기고 행복해 하는 그런 소프트한 능력이 필요하다. 어디에서 무엇을 하든 이 사실은 변함없다"라고 강조한 바 있다. '소프트한 능력'을 키우려면 스스로 자기 생각을 자주 꺼내서 정리하고 필요 없는 고집과 선입견을 버리고 타인의 의견을 수용할 공간을 넉넉히 확보하고 있어야 한다.

인터넷 시대가 되면서 우리는 매순간 엄청난 양의 지식과 정보가 공유되고 있음을 확인하고 있다. 페이스북, 트위터와 같은 SNS에서 말이다. 이 정보는 아주 사소하게는 '나만의 요리 비법'에서부터 시작된다. 주제가 무엇이 됐든 자신의 주장이나 의견을 여러 사람에게 알리는 것이 바로 지식의 공유다.

내가 이룬 것을 남에게 주면 더 큰 것을 얻는다

나는 요즘 앞서 소개한 다섯 명의 한국인 구글러와 '20퍼센트 프로젝트'를 진행하고 있다. 웹사이트를 개방하고 정보를 공유하자는 '더 나은 웹Betterweb.or.kr 운동'이다. 이 프로젝트를 진행하면서 항상 하는 이야기는 이런 것들이다. "웹사이트를 개방하고 공유하자. 문제가 있다고 생각되면 더욱 개방하고 공유하자. 그래야 많은 사람들이 볼 수 있고, 이로써 조기에 문제를 찾고 해결할 방법을 찾을 수 있다." "혹시라도 개인정보나 민감한 정보가 노출될까봐, 웹사이트를 꼭꼭 막아두면 문제를 더 키울 뿐이다. 결국은 대형사고로 이어질 수 있다."

이 프로젝트 역시 업무의 효율을 높이기 위한 일환이다. 어떤 문제든 더 일찍 드러내서 보여주고 지적받고 고쳐나가야 한다. 즉, 실패하지 않기 위해 실수를 드러내자는 것이다.

내가 가진 것을 공유하는 것도 중요하지만, 어떻게 공유할 것인지 그 방법도 중요하다. 더 많이 나눌 수 있고 나에게도 더 도움이 될 수 있는 공유 방법을 찾아내고 익히는 것이 바로 효율을 높이는 것이다.

실리콘밸리에서 게임회사에 다니는 후배가 있는데, 이 친구는 취미로 홈 오토메이션을 만들고 있다. 라즈베리 파이Raspberry Pi와 센서들을 구입하고 프로그래밍도 해서 주차장 문을 자기 핸드폰으로 열고 닫고, 앞마당 잔디에 물을 주는 일도 핸드폰으로 컨트롤하고 있다. 이런 것들은 이미 제품으로 나와 있는데, 왜 굳이 직접 만드냐고 했더니, 이걸 점점 더 발전시키다 보면 결국 원하는 것을 만들 수 있기 때문이란다.

최근에는 인터넷에서 날씨 정보를 받아서 날씨에 따라 물을 줄지 말지, 또 얼마나 줄 것인지 물의 양까지도 스스로 조절하는 기능을 추가하고 있다. 그런데 더 놀라운 것은 자기가 어렵게 만든 소스 코드를 전부 인터넷에 올린다는 사실이다. 그 이유는 자기도 인터넷에 공유된 내용을 보고 많은 도움을 얻었기 때문이란다. 그런 정보가 없었더라면 중간에 하다가 말았을 텐데 그 지식들 덕분에 여기까지 올 수 있었다는 것이다. 그리고 다른 사람들이 자신이 공유한 지식을 참고해 더 많은 것을 만들어서 그 지식도 공유할 것이므로, 결국 자신은 또 다른 도움을 받게 될 거라고 말했다. 그리고 이런 지식의 선순환 덕분에 자신의 개발 속도는 더 빨라질 것이라고 확신했다.

내 것이라야 아끼고 키우고 채우게 된다

공부든 일이든 재미를 느끼고 열정을 가지고 효율적으로 하려면 주인의식을 가져야 한다. 누가 시켜서 공부하는 학생이 좋은 성적을 얻기 어렵듯이 일도 마찬가지다. 내 일이라고 느껴야 한다. 이런 주인의식이 저절로 생기면 더없이 좋겠지만 현실은 그렇지 않다. 그러므로 내가 스스로 한 발짝 나아가는 노력이 필요하다. 그러면 예상 외로 쉽게 주인의식을 느낄 수 있고, 더 나아가 큰일을 맡을 수 있는 기회도 생긴다.

'스스로 한 발짝 나아가는 노력'은 일을 시킬 때까지 기다리지 말고 먼저 앞으로 해야 할 일을 미리 준비하고 제안하는 것을 의미한다. 일을 먼저 준비하고 제안하기 위해서는 자신이 맡은 일 하나만 할 줄 알아서는 안 된다. 그와 관련된 일들을 두루두루 알아야 한다. 즉, 좀 더 넓은 시야를 가져야 한다. 그렇게 되면 나무가 아닌 숲을 볼 수 있게 되고, 큰 그림인 빅 픽처 Big Picture를 볼 수 있게 된다.

사실 숲을 보는 건 상사들이 해야 할 일이다. 상사들은 보다 큰 그림을 보고, 직간접적으로 관련된 일까지 고려해서 업무를 진행해야 한다. 그러므로 '스스로 한 발짝 나아가는 노력'을 통해 우리는 상사의 역할까지 하게 된다. 이것은 상사가 해야 할 일을 내가 대신 하는 게 아니다. 상사가 이래라저래라 시키지 않아도 내가 스스로 알아서 할 일을 찾아서 한다는 의미다. 이는 곧 리더십으로 연결된다.

구글은 각 개인에게 주인의식을 부여하고 있으며, 그 사람이 누구든 간에 자기가 하는 일의 상당 부분에 한해 결정권을 갖게 한다. 즉, 구글러들은 주인의식을 가지고 일하고 있기 때문에 자연스럽게 리더십도 기를 수 있다. 주인의식을 가지고 일할 때의 장점은 리더십을 키울 수 있다는 것뿐만이 아니다. 효율성이 상상할 수 없을 정도로 높아진다. 내가 하고 싶어서 진심으로 열정을 가지고 일을 하기 때문이다.

스스로 레고가 되어야 한다

일이 잘 안 풀릴 때면 내가 레고가 되는 상상을 해본다. 레고는 똑같은 블록을 가지고 비행기도, 자동차도, 로봇도 만들 수 있다. 이것은 바로 구글의 일하는 방식이기도 하다. 이미 갖추고 있는 대단한 기술력을 바탕으로, 어떤 블록들을 어떤 새로운 아이디어를 가지고 조합하느냐에 따라 전혀 다른 결과물을 만들어낼 수 있다. 이건 기업 차원의 효율이지만, 개인도 마찬가지다.

우리는 학창시절부터 지금까지 얼마나 많은 것을 보고 읽고 느끼고 배워왔는가. 내 안에 있는 그 지식을 모조리 다 이용할 필요가 있다. 어떤 프로젝트를 할 때 그것만 생각하는 것은 몰입이 아니다. 가능한 한 폭넓게 생각해서 기존의 지식을 다 가져와 새로운 일에 대입시켜야 한다.

공부도 마찬가지다. 국사 공부를 할 때 신라·백제·고구려를 각각 따로 공부하지 말고, 신라를 공부하면서 백제와 고구려를 연계시켜야 한다. 합체해야 한다. 그리고 나는 광개토대왕도 되어보고, 을지문덕도 되어야 한다. 변신해야 한다. 이보다 더 효율적인 공부법이 어디 있겠는가. 나는 책상 앞에 앉아 있을 뿐이고, 국사는 달달 외워야 할 공부거리라면 당연히 효율이 떨어진다. 효율성을 높이려면 언제 어디서든 레고처럼 변신도 하고 합체도 할 줄 알아야 한다.

그리고 크고 복잡한 문제일수록 작은 조각으로 나누어서 생각하는 것이 좋다. 이는 문제를 단순화시키는 것이다. 그리고 거꾸로 내가 알고 있는 작은 지식들을 적재적소에 모았을 때는 예상 밖의 큰 결과가 만들어지기도 한다. 이는 정보의 조직화다. 우리는 우리가 알고 있다고 생각하는 것보다 더 많은 것을 알고 있다. 평소에는 단편적으로 흩어져 있기 때문에 그것을 잘 느끼지 못할 뿐이다. 레고 조각처럼 말이다. 흩어져 있는 레고 조각은 아무것도 아니다. 하지만 레고 조각 더미 속에서 필요한 조각을 찾아내 적합한 곳에 끼워 나가면 자동차도, 로봇도 만들 수 있다.

어떻게 나만의 효율 시스템을
만들 수 있을까?

구글은 회사 전체가 놀라울 정도로 최적화되어 있다. 어떻게 이 이상 더 효율적으로 움직일 수 있을까 싶을 정도다. 얼핏 보면 '정말 직원들의 먹는 것, 자는 것, 이동하는 것까지 모든 일상을 일일이 다 챙기는구나' 싶어서 감탄하게 되지만, 더 자세히 들여다보면 '정말 직원들이 시간을 낭비하지 않고 일에만 몰두할 수 있게 하는구나' 싶어서 놀라게 된다. 불필요한 시간과 에너지를 쓰지 않도록 철저히 시스템화되어 있다.

  여기에서는 구글러의 일상과 업무가 얼마나 최적화되어 있는지 몇 가지 예를 통해 살펴보고자 한다.

구글이 최고의 기업이 된 비결은 효율적인 시스템 때문이다

마이크로 키친

모든 건물의 각 층에는 커피를 마시고 간단한 스낵을 먹을 수 있는 마이크로 키친이나 식사를 할 수 있는 카페테리아가 있다. 이러한 시설들은 내가 어느 곳에 있든 적어도 45미터 내에 있도록 배치되어 있다. 일을 하면서 자주 왔다갔다 하기 때문에 화장실처럼 최적의 장소에 배치하는 것이다.

사무실 공유

사무실은 직위에 상관없이 개인 독방이 없다. 적게는 세 명 많게는 여섯 명 또는 그 이상의 인원이 한공간에서 일을 한다. 같은 부서의 팀원끼리, 또는 임원들끼리 한공간에 앉아서 의자만 뒤로 돌리면 언제든지 의견을 주고받을 수 있다. 소통의 효율성을 높이기 위한 방편이다. 같은 공간에서 일하는 다른 사람에게 방해될 정도의 대화가 필요한 경우에는 회의실을 이용한다.

구글 캘린더

구글에서도 업무상 필요한 회의가 상당히 많다. 그러다 보니 회의에 참가할 사람들의 스케줄을 일일이 확인하고, 회의실도 언제 이용 가능한지 알아봐야 해서 미팅 하나 잡는 데도 신경이 많이 쓰인다. 그래서 만든 것이 '구글 캘린더Google Calendar'다. 지금은 구글의 서비스 중 하나로 일반인들도 사용하고 있다.

지메일

구글에서는 직원별로 하나의 이메일로만 커뮤니케이션을 한다. 몇 달 전의 이메일도 다시 꺼내서 이야기를 계속하기도 한다. 그런데 기존 이메일 서비스는 오래전 주고받은 메일을 찾으려면 보낸 사람이나 제목 등을 기억해야 하고 찾는 데도 시간이 오래 걸렸다. 그래서 만든 것이 '지메일Gmail'이다. 같은 제목으로 주고받은 이메일은 아무리 시간이 오래 지나도 하나의 제목 안에 묶여 있다. 그 메일 하나만 열면, 당시 그 일에 관여했던 모든 사람과 주고받은 메일을 다 찾을 수 있다. 지메일 역시 한동안은 회사 내에서만 사용하다가 일반인에게도 서비스하게 되었다.

문서 공유

프로젝트를 할 때는 많은 문서를 작성해서 공유하고, 다양한 실험을 한 후 그 결과들을 공유한다. 그리고 최종적으로 많은 직원들 앞에서 프로젝트에 대해 발표하고, 이를 수많은 사람들과 공유한다. 이러한 업무 방식은 구글에서 보편화되어 있다. 그러므로 일을 진행하면서 매번 이메일로 파일을 첨부해서 보내는 것은 여간 불편한 일이 아니다. 여러 사람이 하나의 문서를 같이 작성할 경우,

각각의 문서를 하나로 편집하는 작업은 정말 힘든 과정이다. 그래서 만든 것이 '구글 드라이브Google Drive'다. 문서든 데이터든 회사 전체적으로 공유해야 하는 자료는 링크 하나만 공유하면 되도록 최적화한 것이다. 별도의 파일을 올리거나 내려 받지 않아도 된다. 이 서비스 덕분에 상당한 시간을 절약할 수 있게 되었다.

이처럼 구글의 서비스 중 대부분은 직원들이 업무를 하면서 불편하니까, 필요하니까 직접 만들어 사용하던 것을 나중에 일반인들에게도 서비스한 것이다. 이 문서 공유 시스템은 보고 자체를 없애버려 구글을 더욱더 수평적 구조로 만드는 데도 일조했다.

대리주차

직원들의 수가 많아지니 조금만 늦게 출근해도 주차할 자리를 찾는 데 수십 분씩 걸리곤 했다. 그런데 이 시간은 완전히 버리는 시간이다. 그래서 회사에서는 대리주차 요원을 고용했다. 그러면서 주차장 내에 일렬로 주차할 수 있는 차량의 수가 대폭 늘어났다. 키만 주고 차를 맡기면 알아서 주차를 해주는데 별도의 요금을 줄 필요도 없다. 제한된 주차장의 주차 대수를 늘리면서 직원들의 주차 시간까지 줄인 아이디어라 할 수 있다.

이처럼 구글의 시스템은 아주 사소한 것에서부터 불필요한 시간과 에너지를 줄이도록 발전되어 왔다. 구글이 창조적인 회사 시스템을 갖게 된 이유는 무엇보다 일상생활에서 허비하는 자투리 시간들을 모두 긁어모을 수 있는 체계를 만들었고, 직원들이 에너지를 낭비하지 않도록 하나씩 하나씩 오랜 기간에 걸쳐서 개선해온 덕분이다. 그리고 그 모든 것은 어떻게 하면 '좀 더 효율적으로 만들 수 있을까?' 하는 아주 간단한 질문에서 시작되었다.

나 역시 이런 회사에서 일하다보니 늘 '효율'을 생각하는 게 습관이 되어버렸다. 효율은 우리의 모든 일상생활 속에 적용할 수 있는 것이다. 나는 아내가 설거지 하는 것을 보면서도 물을 덜 쓰면서 좀 더 짧은 시간에 깨끗하게 할 수 있는 방법이 없을까 생각할 정도다. 어차피 계속 반복되는 일이라면, 다시 한 번 생각해보고 더 잘할 수 있는 방법을 찾아서 개선해나가는 편이 바람직하지 않을까? 몇 가지 사례를 더 공유하고자 한다.

열심히 하기 전에, 효율적으로 공부하는 방법부터 찾아라

쉬면서 하라

공부를 할 때 한 시간만 하고 끝낸다면 모를까 두 시간 이상 수학문제를 풀고 영어단어를 외울 거라면, 45분은 열심히 하고 15분은 쉬어야 한다. 그리고 쉴 때는 핸드폰을 보거나 게임을 하지 말고, 눈과 머리가 온전히 쉴 수 있도록 해야 한다. 가능하다면 햇빛이 드는 창가나 밖으로 이동해 잠깐이라도 몸을 움직이는 것이 좋다. 햇빛은 집중력과 재충전에 도움이 된다.

수면 연구의 아버지라 불리는 네이슨 클리트만Nathan Kleitman은 사람은 생물학적으로 약 90분을 주기로 휴식과 활동을 반복해야 하는 사이클을 가진다고 했다. 즉, 사람은 신체적으로나 정신적으로나 90분마다 쉬면서 재충전을 해주어야 한다는 것이다. 공부는 엉덩이 힘으로 하는 것이라면서 몇 시간이고 앉아 있는 것은 도움이 안 된다는 얘기다. 어느 정도 시간이 지나면 집중력이 떨어지기 때문이다.

마라톤을 생각해보자. 오래 전에 21킬로미터 하프 마라톤을 완주한 적이 있다. 긴 레이스를 완주하려면 출발할 때부터 도착할 때까지의 페이스를 잘 조절해야 한다. 처음부터 100미터 달리기 하듯 마라톤 전 구간을 전력으로 달릴 수는 없다. 마찬가지로 1년 내내 공부에만 매진해야 하는 재수생이나 취업준비생이라면, 독서실에서 고시원에서 얼마나 시간을 제대로 쓰고 있는지 생각해볼 필요가 있다. 책상 앞에 오래 앉아 있는 시간에 비례해서 점수가 오르지는 않는다. 얼마나 구체적인 목표를 세우고, 효율적으로 해나가느냐가 관건이다.

잠이 오면 자라

운전하면서 가장 위험한 행동 중 하나가 졸음운전이다. 한국에 있을 때 추석에 고향에 내려갔다 오는 길에 17시간을 운전한 적이 있었다. 마침 비까지 많이 와서 경부고속도로는 마비되었다. 그때 나는 아예 휴게소에 들어가서 차를 세우고 마음 편하게 거의 세 시간을 자버렸다. 일어나니 한밤중이었고 차 막힘은 많이 해소되어 있었다. 세 시간을 잤지만, 개운한 정신으로 다시 운전할 수 있었으므로 그 시간은 버린 시간이 아니었다.

잠이 오는 것을 꾹 참으면서 영어단어 외운다고 앉아 있지 마라. 잠 깨려고 밖으로 나가지도 말고 그냥 그대로 엎드려 자라. 그 상태에서 한 시간을 꾸벅거리면서 단어를 외워봤자 한 시간 뒤에 머릿속에 남는 것은 거의 없다. 그동안의 경험으로도 알고 있지 않은가? 차라리 시간을 딱 정해놓고 푹 자라. 자고 일어나서 맑은 정신으로 외우는 단어야말로 진짜 내 것이 된다.

시각화하라

옛말에 '백 번 듣는 것보다 한 번 보는 것이 낫다'는 말이 있다. 마찬가지로 백 번 보는 것보다 한 번 그려보는 것이 낫다. 책을 보면서 수많은 지식을 끊임없이 머릿속에 넣어야 하는 상황이라면, 계속 읽기만 하는 것보다는 내용을 체계적으로 정리하고 그림으로 그려서 이해하는 것이 좋다. 그림을 그리면 각각의 단편적인 정보가 만들어내는 일정한 연관관계를 파악할 수 있다.

대부분의 학생과 직장인들은 프로젝트 계획안이나 결과물을 발표할 때 마이크로소프트의 파워포인트를 많이 사용한다. 그런데 최근에는 클라우드 기반의 다이내믹한 애니메이션이 서비스되는 프레지Prezi를 사용하는 사람들이 늘고 있다. 그들은 이를 통해 시각적인 정보 전달의 힘을 쉽게 경험하고 있다.

덴마크의 물리학자 토르 노레트랜더스Tor Norretranders는 사람의 오감을 처리능력Bandwidth으로 분석했는데, 그에 의하면 시각으로 인지하는 속도는 1250mb/s, 촉각은 125mb/s, 청각·후각 12.5mb/s, 미각은 1.25mb/s라고 한다. 즉, 시각화를 잘하면 문제를 훨씬 단순화시킬 수 있고 보다 많은 정보를 효과적으로 받아들일 수 있게 된다.

하기 싫은 일일수록 오전에 하라

사람의 머리도 자동차처럼 많이 사용하면 과열된다. 시간이 지날수록 힘들어진다. 그러므로 일의 순서도 생체리듬을 고려해서 정해야 한다. 업무 중 하기 싫고 귀찮은 일이 있다면 그 일을 출근하자마자 제일 먼저 해보자. 하기 싫은 일을 계속 머릿속에 넣어놓고 있으면 더 하기 싫어질 뿐 아니라 다른 일의 효율성도 떨어뜨린다. 초등학생 아이가 있는 엄마라면 당장 아이를 대상으로 테스트해도 좋다. 평소에 하기 싫어하는 일이 있다면 이를 주말 아침에 시키는 것이다. 아이는 전날 오후에 시켰을 때와는 다른 반응을 보일 것이다.

직장인에게 꼭 필요한 효율적인 일처리 방법

한 번에 하나씩 하라

이것은 내가 아들에게 노래를 부르듯 자주 하는 말이다. 아들은 '집중한다'는 말의 의미를 잘 이해하지 못해서 그런 건지, 어쨌든 유난히 산만해서 아무리 집중하라고 외쳐도 채 1분도 안 되어 딴 곳에 정신을 팔기 일쑤였다. 그래서 말을 바꾸어 '한 번에 하나씩 하라'고 이야기했다. 그랬더니 집중하라고 말할 때보다 훨씬 더 집중하는 모습을 보여주었다.

바쁠수록, 일이 많을수록 멀티태스킹을 하면 안 된다. 전산학 용어 중에 '컨텍스트 스위칭Context Switching'이라는 개념이 있다. 컴퓨터가 일을 처리할 때 하나의 프로세스가 CPU를 사용 중인 상태에서 다른 프로세스가 CPU를 사용할 수 있도록, 이전 프로세스의 상태를 보관하고 새로운 프로세스의 상태를 적재하는 작업을 말한다. 이 과정은 컴퓨터에 아주 큰 부하를 준다.

사람도 컴퓨터와 마찬가지다. 어떤 일을 하는 중간에 다른 일이 끼어들면, 앞서 하던 일의 문맥을 다시 이어가는 데 많은 시간과 에너지를 낭비하게 된다. 때로는 '뭘 하고 있었지?' 하면서 일의 맥락을 아예 까먹기도 한다. 이는 소개팅을 하는 중에 상대방의 호감을 얻으려 재밌는 얘기를 하고 있는데, 웨이터가 주문 받으러 오는 통에 하던 얘기를 까먹어 "제가 무슨 얘기를 하고 있었죠?"라고 되물어서 분위기를 망치는 것과 마찬가지다. 한 번에 하나씩 즉, 멀티태스킹이 아닌 모노태스킹이 훨씬 더 문제를 단순하게 만든다. 수학으로 치면, 변수가 하나 있는 1차 방정식을 푸는 것이 변수가 n개인 n차 방정식을 푸는 것보다 훨씬 쉬운 것과 같다.

스마트폰 사용이 급증하면서 수시로 손에 쥔 스마트폰을 보는 습관 때문에 하던 일에 집중하지 못하는 비효율성이 증가하고 있다. 구글이 2013년에 조사한 자료에 따르면, '한국 사람들의 77퍼센트가 스마트폰을 사용하면서 다른 일을 하고 있다'고 한다. 다시 말해 컨텍스트 스위칭은 우리의 일상에서 거의 매일 일어나고 있다고 볼 수 있으며, 그만큼 하나의 일에 집중할 수 있는 시간은 줄었다는 의미다. 우리는 점점 더 시간을 비효율적으로 사용하고 있는 것이다.

컴퓨터를 사용하라

이제 컴퓨터를 사용하지 않고 일을 하는 직장인은 거의 없다. 아무리 기억력이 좋은 사람도 종이에 적어두거나 컴퓨터에 문서로 작성해놓는 것보다 더 잘 기억할 수는 없다. 아무리 계산이 빠르고, 계산기를 잘 사용한다 해도 복잡한 계산은 엑셀 같은 스프레드시트 프로그램을 사용하는 것이 훨씬 빠르고 정확하다. 이처럼 효율적인 컴퓨터를 활용하지 못하는 학생과 직장인은 거의 없을 것이다. 그러나 효율적으로 잘 활용하고 있는지는 스스로 한 번 되짚어볼 필요가 있다.

인터넷을 활용하라

　인터넷 상에는 없는 것이 없다. 필요한 것은 다 있다. 지금까지 구글이 찾아낸 웹페이지는 60조 개가 넘는다. 60조가 얼마나 큰 수치인지 상상이 되는가? 전세계 인구가 60억 명인데 그 1,000배나 되는 숫자다. 서울대학교 도서관의 장서 수가 300만 권 정도인데 그 수보다 2,000만 배나 많은 웹문서가 인터넷상에 있다. 텍스트 문서뿐만 아니라 이미지, 동영상 자료까지 필요한 정보는 모두 다 있다. 문제는 이런 정보의 바다에서 필요한 정보를 얼마나 제대로 찾아낼 수 있느냐 하는 것이다.

　이 책을 준비하면서 참고해야 할 모든 사례를 인터넷을 통해 찾을 수 있었다. 공부 학습법도 인터넷에 검색하면 수백 가지 다양한 경험들과 함께 소개되어 있다. 영어 공부법도 마찬가지다. 이제는 컴퓨터를 활용해서 일처리 방법을 개선하고, 인터넷을 사용해서 일의 내용을 채워가야 한다.

　컴퓨터 프로그래밍에 관심이 있는 독자를 위한 흥미로운 이야기가 하나 있다. 내 주위에 라즈베리 파이나 아두이노^{Arduino, 라즈베리 파이와 비슷한 교육용 컴퓨팅 보드}를 사용하는 사람이 여럿 있는데 그들은 종종 이것으로 '무엇'을 하면 좋겠다는 이야기를 한다. 정말 말도 안 되는 것 같은 엉뚱한 아이디어를 내기도 하는데, 놀랍게도 그런 아이디어를 지구상에서 누군가가 이미 실행하고 있음을 확인하게 될 때가 있다. 게다가 소스 코드까지 다 공개되어 있다.

2001년에 1인용 탈것인 세그웨이Segway가 처음 나왔을 때 많은 공학도들은 충격을 받았다. '어떻게 저런 것을 만들 수 있을까?' '어떻게 두 바퀴로 균형을 잡을 수 있을까?' 수많은 의문을 낳은 획기적인 제품이었다. 구글러 원구는 인터넷에 공개된 짧은 소스 코드를 내려받아 수정하고 덧붙인 후, 레고에 아두이노 보드를 장착하고 7달러짜리 자이로센서Gyroscope Sensor, 각도의 움직임을 측정하는 센서를 사용해 두 바퀴로 균형을 잡는 것을 쉽게 만들었다. 이런 자료는 한국어로는 아직 부족하지만 영어로는 수많은 웹사이트에서 쉽게 찾아 활용할 수 있다.

자주, 가능한 일찍 이야기하라

직장에서는 혼자서 일을 하기보다 상사나 팀원들과 함께 일하며 그 결과를 공유해야 한다. 내가 한 일을 아껴두거나 저축할 필요는 없다. 앞서 말했지만 아껴두면 쓸모없는 쓰레기가 된다. 가능한 자주 얘기하고 공개할 수 있는 것들은 공개하라. 내가 이번 분기에 달성하고자 하는 목표, 지금 내가 하고 있는 프로젝트의 진행 상태, 내가 맞닥뜨린 문제 등 모든 것을 공유하는 것이 여러 가지로 좋다. 일단 내가 놀지 않고 있다는 것을 분명하게 보여줄 수 있다. 내가 하는 일과 유사한 일을 하는 사람과 협업을 할 기회도 만들 수 있고, 다른 일을 하는 사람에게서 의외의 도움도 받을 수 있다. 또 나의 일을 공유하는 과정에서 스스로도 한 번 더 진행 상황을 머릿속에 그리게 된다. 문제가 있다면 절대 혼자서 끙끙 앓고 있어서는 안 된다. 가능한 빨리 상사와 팀원들과 문제를 공유해야 한다.

방위병으로 군생활을 할 때, 배가 많이 아팠던 적이 있었다. 며칠 동안 계속되는 복통 때문에 부대 안에 있는 의무반에 갔더니, 배탈이 났다면서 3일치의 약을 주었다. 그러나 거의 닷새가 지나도록 나아지지 않고 오히려 더 심해지는 것 같아 외부의 일반병원에 갔더니 맹장이 터졌다고 했다. 나는 한 시간 후 수술대에 누웠다. 옆구리에 손가락 하나 들어갈 정도의 구멍만 내고 수술한 후 일주일만 입원하면 될 것을, 닷새 넘게 방치하는 바람에 배를 10센티미터나 가르고 한 달이나 병원 신세를 졌다.

문제는 혼자서 끙끙 앓고 있으면 해결할 수 없다. 그렇게 시간을 흘려보내는 동안 문제는 더 커져서 해결하는 데 더 많은 시간과 노력이 들고, 때로는 해결하지 못할 수도 있다. 그러므로 문제가 생기면 가능한 빨리 사실 그대로 상사와 팀원들에게 이야기하고 해결방안을 의논하는 것이 문제를 조기에 해결할 수 있는 방법이다.

IT를 공부해놓으면
더 많이 행복해진다

미국에 머물기 시작한 초기 3년 동안 나는 핸드폰이 없었다. 자동차도 한 대밖에 없어서 아침에 아내가 회사에 태워다주면 저녁에 데리러 올 때까지 일이 다 끝나도 회사에 있을 수밖에 없었다. 여기 실리콘밸리는 서울의 테헤란로 같은 도심지가 아니라서 차가 없으면 오도 가도 못하는 곳이었기 때문이다.

그야말로 딱 집과 회사만 왔다갔다 했기 때문에 사실 핸드폰이 필요하지도 않았다. 급한 일이 있으면 사무실이나 집으로 전화를 걸면 언제나 통화할 수 있었으니까 말이다. 이때가 2003년 무렵이었으니 겨우 10년 전 일이다. 지금은 핸드폰 없이는 단 하루도 못살 것 같지만, 불과 10년 전만 해도 핸드폰 없이도 큰 불편 없이 살 수 있었다. 물론 그때의 핸드폰과 지금의 스마트폰은 전혀 다른 기능을 제공하고 있지만 말이다.

지난 10년 동안 세상이 얼마나 변했는지 돌이켜보자

2011년부터 2년 동안은 서울 사무실에서 근무했다. 그때 서대문구 홍제역에서 강남구 역삼역까지 매일 지하철로 출퇴근을 했는데, 지하철의 풍경도 10년 전과는 완전히 달라져 있었다. 10년 전에 그 많았던 스포츠 신문을 보는 승객은 전혀 보이지 않았다. 거의 대부분의 사람들이 지하철 안에서 보고 있는 것은 핸드폰이나 태블릿 PC였다. 나 역시도 출퇴근하는 동안 태블릿 PC를 이용해 이메일을 확인하고, 뉴스 기사를 보고, 아니면 이어폰을 꽂고 회사 세미나를 듣곤 했다. 대부분의 사람들은 출퇴근길에 신문이나 책을 보는 대신 스마트폰으로 게임을 하거나, 카톡을 주고받거나, TV나 영화를 봤다. 세상이 완전히 달라져 있었다.

이제 스마트폰에서 전화 통화는 주기능이 아니라 부가기능이 되어버렸다. 사람들이 스마트폰으로 주로 하는 일은 인터넷 서핑이나 이메일 확인 등이다. 이제 스마트폰은 전화기가 아닌 손 안의 컴퓨터가 되었다. 지금 스마트폰에 사용되는 메인 프로세서는 저가 노트북 컴퓨터의 성능에 맞먹는다. 10년 전 책상에 놓여 있던 컴퓨터가 핸드폰 속으로 들어온 것이다. 우리는 이러한 변화가 우리의 일상을 얼마나 엄청나게 바꿔놓았는지 기억해야 할 것이다. 하지만 대부분의 사람들은 이제 이런 세상을 너무나 당연한 것으로 여긴다. 오래 전부터 언제나 그랬던 것처럼.

세상은 이미 공상과학의 세계로 들어섰다

최첨단 실리콘밸리의 한가운데에 위치한 가장 주목받는 IT 기업에서 근무하다보면, 달라지는 세상의 모습을 더욱 빨리 접할 수 있다. 출퇴근할 때마다 구글의 무인자동차가 도로를 달리는 모습을 자주 본다. 구글 글래스를 쓰고 다니면 마치 아이언맨처럼 내가 보는 모든 것들이 디지털 정보와 함께 눈앞에 나타나고, 콘택트렌즈를 끼고 다니면 당뇨 수치가 실시간으로 모니터링되는 그런 세상에 나는 살고 있다.

이 모든 것들은 구글이 개발해놓은 것이다. 마치 영화 속에서나 나올 법한 더 진기한 것들도 이미 만들어져 테스트 중이다.

사실 나는 구글이 정말 무서운 회사라는 생각이 들 때가 많다. 물론 나쁜 회사란 의미는 아니다. 마치 도깨비 방망이가 사람들이 원하는 모든 것을 뚝딱하고 순식간에 만들어내는 것처럼, 공상과학 영화 속에나 나올 만한 것들을 마음만 먹으면 다 만들어내기 때문이다.

그런데 구글보다 더 무서운 것이 있다. 그것은 바로 새로운 아이디어로 끊임없이 혁신을 거듭하는 수많은 스타트업들이다. 이들은 엔지니어링으로 마치 마술이라도 부린 듯, 날마다 놀라운 것을 만들어서 세상에 보여주고 있다.

미래를 상상하는 것은 영화에서 가능하고 미래를 만드는 것은 기술, 즉 엔지니어링으로 가능하다. 어릴 때 많은 아이들이 꿈꾸었던 '과학자'가 지금은 IT 분야에서 전문 지식을 가지고 활동하고 있는 '엔지니어'인 것이다.

얼마 전 구글이 인수한 보일러 컨트롤러를 만드는 회사 네스트Nest의 '쓰모스탯Thermostat'이란 제품을 보자. 이것은 난방·취침·외출·온도 등을 사람이 직접 조절할 필요가 없는 보일러 컨트롤러다. 즉, 저절로 알아서 동작한다. 추운 겨울에 외출해서 집에 돌아와 보일러를 켜고 따뜻해질 때까지 덜덜 떨 필요가 없다. 핸드폰으로 집에 오는 길에 보일러를 켜놓으면 된다. 그러면 최근 며칠 동안의 온도 조절 패턴을 바탕으로 보일러가 저절로 알아서 온도도 맞춘다.

우리는 아침에 눈을 뜨고 밤에 잠들 때까지, 아니 잠자는 동안에도 점점 공상과학 영화 속의 주인공이 되어간다. 자신이 원하든 원하지 않든 말이다.

'공학도도 아닌데 IT를 배워야 하나요?'라고 묻는 이들에게

최근 아들과 함께 '사이언스 페어 프로젝트'를 알아보다가 유튜브를 통해 한 가지 재미난 실험을 알게 되었다. 로렌 로하스 Lauren Rojas라는 열두 살 여학생의 '헬로키티 우주로 보내기 Hello Kitty in Space'라는 프로젝트인데, 풍선에 헬로키티 인형을 태운 로켓 모형을 매달아 우주로 보내는 실험이다.

로렌이 이 프로젝트를 하게 된 계기는 단순했다. TV 광고에서 하늘로 풍선을 날려 보내는 것을 보고, 자신의 헬로키티 인형도 우주로 보낼 수 있겠다고 생각한 것이다. 담임선생님은 처음에는 조금 황당해했지만 이내 로렌의 시도를 격려했고, 로렌은 아빠의 도움으로 자신의 헬로키티 인형을 우주로 태워 보내는 데 성공했다.

우리가 살고 있는 둥근 지구의 모습이 열두 살 소녀가 모형 로켓에 매달아 둔 카메라 속에 담겼다. 로렌은 헬륨이 들어간 풍선이 어느 높이에서 터질지, 떨어진 카메라를 어떻게 회수할 수 있을지 또 그러기 위해서 어떤 장치가 필요한지를 인터넷으로 자료를 찾아서 공부했다. 만약 이 또래의 여학생이 아직도 바비인형 옷 입히기 놀이만 하는 줄 알고 있다면 그것은 오산이다.

평소에 내가 자주 받는 질문 중 하나가 "공학을 전공할 것도 아니고, 엔지니어로 일할 것도 아닌데 굳이 IT 기술을 공부할 필요가 있을까요?"라는 것이다. 나는 이렇게 되묻고 싶다. 인형 옷 입히기 놀이만 하는 여자아이와 자기 인형을 우주로 보낸 여자아이, 둘 중에 어느 쪽의 미래가 더 멋지겠느냐고. 물론 IT 기술을 몰라도 살아가는 데 큰 어려움이 없을 수도 있다. 그러나 만약 당신이 지금 핸드폰 없이 살 수 없다면, 당신은 이미 IT 세상에서 살아가고 있는 것이다. 그러니 IT에 대해 많이 알면 알수록 점점 더 새로운 세상의 혜택을 누릴 수 있는 것은 당연한 일이다.

앞으로 IT가 바꾸어갈 미래는 그저 '우와!' 감탄하면서 구경만 할 미래가 아니다. 최근 10년 동안의 변화도 엄청났지만, 앞으로 10년 동안 펼쳐질 변화는 상상조차 하기 어려울 정도로 대단할 것이다. 세상은 더 빠른 속도로 더 큰 폭으로 변화할 것이다. 변화에도 가속도가 붙기 때문이다.

나는 지난 20년간 소프트웨어 엔지니어로 일해왔고, 60조 개의 웹페이지를 다루는 구글에서 다양한 경험을 쌓고 수많은 검색 관련 프로젝트를 진행해오고 있다. 그래서 인터넷의 활용과 검색만 두고 보더라도 그것이 기술의 발달과 일상에 어떤 변화를 주고 있는지 너무나 분명하게 보인다. 그래서 자신 있게 말할 수 있다. 따라 가기 힘들더라도 새로운 기술의 변화를 단순한 관심 이상으로 바라보고 공부한다면, 일상의 편리함을 누릴 수 있을 뿐 아니라 나의 든든한 미래 경쟁력을 만들 수도 있을 것이다.

프로그래밍은 미래의 확실한 경쟁력이다

오늘날의 젊은 세대는 모두 컴퓨터 전문가들이다. 초등학교 3학년생도 인터넷에서 필요한 것은 다 알아서 찾아낸다. 관심만 있으면 온라인 쇼핑·인터넷뱅킹·SNS·대학의 무료강의 수강 등을 아무도 가르쳐주지 않아도 혼자서 다 할 수 있다. 또 친구들끼리 인터넷이나 컴퓨터 사용과 관련한 정보는 누가 시키지 않아도 적극적으로 공유한다.

물론 이 정도의 IT 기술만 알아도 살아가는 데 큰 지장은 없다. 하지만 개인적으로 학생들에게는 프로그래밍을 배우라고 얘기하고 싶다. '프로그래머가 될 것도 아닌데 왜?'라고 반문할 수 있겠지만 학생들이 프로그래밍을 배우고, 자유롭게 활용할 줄 알게 되면 논리적인 사고를 키울 수 있다. 이는 곧 수학문제 해결능력과 판단력도 기를 수 있다는 말이다. 무엇보다 자기가 상상하는 아이디어를 실제로 구현해볼 수 있기 때문에 무한한 상상력과 자신감을 가질 수 있다.

사회에 나가서 소프트웨어 엔지니어가 되기 위해 프로그래밍을 배우라는 게 아니다. 컴퓨터 프로그래밍을 배우다보면 보다 다양한 경험을 하고 새로운 지식을 배울 수 있다는 의미다. 프로 운동선수와는 달리 전문 프로그래머는 1만 시간 이상의 연습을 하고 기술을 익혀야 할 필요는 없다. 이미 학창시절에 배운 수학이나 과학이 프로그래밍의 근간이 된다. 그리고 수학과 과학에 재능이 없더라도 간단한 처리방법인 로직Logic은 만들어낼 수 있다.

프로그래밍은 인간이 컴퓨터에게 일을 시키는 과정이다. 컴퓨터라고 해서 모든 일을 알아서 똑똑하게 처리해낼 수는 없다. 컴퓨터는 단지 거짓말을 하지 않고 아무것도 판단하지 않으면서 시키는 일만큼은 잘해내는 도구다. 이처럼 단순한 기계에게 일을 시키려면 아주 자세하고 빈틈없이 주문해야 하는데 이를 통해 논리적인 사고가 길러진다.

만일 언젠가 IT 분야에서 일을 하고 싶다면, 더욱더 컴퓨터 프로그래밍을 배워두는 것이 좋을 것이다. 꼭 소프트웨어 엔지니어가 아니더라도 그렇다. IT 분야에서 기획자나 마케터로 일하더라도 프로그래밍을 조금이라도 해보거나 이해하는 사람은 '0'이 아니라 '90'에서 시작하는 것과 같다.

인문학도들이 IT를 알면 훨씬 더 유능해질 수 있다

반드시 수학을 좋아하고 논리적인 사고력이 뒷받침된 사람만 코딩을 배워야 할까? 그렇지 않다. 스티브 잡스가 만들어낸 IT 세상은 컴퓨터와 프로그래밍에 대한 패러다임을 바꾸어 놓았다. 잡스가 컴퓨터를 만들기 전까지 컴퓨터 회사들은 기능 중심의 제품을 만들어서 그것이 꼭 필요한 사람들에게 팔았다. 하지만 스티브 잡스는 그 제품이 반드시 필요하지 않은 사람들까지 구매하도록 만들었다. 기술을 먼저 생각한 것이 아니라, 사람을 생각하고 제품을 디자인한 후 그 위에 기술을 입힌 것이다. 제품의 아주 미세한 부분에까지 인간의 생활패턴을 잘 담아냈기 때문에 소비자들이 필요성을 느끼지 못하면서도 그것을 갖고 싶게 만든 것이다. 그는 전세계인의 컴퓨터 제품 구매에 대한 패러다임 자체를 바꾸어놓았다.

잡스 덕분에 우리는 컴퓨터가 더 만만해졌다. 필요하지 않아도 다양한 제품들을 중복 구매하게 되었으며, 복잡한 기능들도 한눈에 이해할 수 있게 되었다. 스티브 잡스와 같은 생각을 하기란 참 어려운 일이다. 철학과 문학을 전공한 사람이 수학적·논리적 사고를 가지는 것도 어렵지만, 숫자나 데이터에 익숙한 사람이 인간의 감성을 이해하는 것도 쉬운 일이 아니다. 하지만 스티브 잡스는 철학과 문학을 전공한 사람이 코딩을 배우고 싶도록 만들고, 컴퓨터공학과 학생들이 심리학을 배우게 만들었다. 사회 전반에 '융합'이라는 바람을 불러일으킨 것이다.

여성이라면 더욱더 생각을 바꿀 필요가 있다. 사실 구글도 그렇고 IT 기업에서 일하는 컴퓨터 프로그래머는 대부분 남자들이다. 그 이유가 무엇인지는 잘 모르겠지만, 컴퓨터 프로그래밍이 남자들의 몫이라는 생각은 이제 바꾸어야 한다. 왜냐하면 여자들이 소프트웨어 엔지니어로 일할 때 남자들보다 더 유리한 점이 분명히 있기 때문이다. 여자들은 스티브 잡스가 남긴 융합에 더 능통하다. 이제는 모든 제품을 만들 때 기능뿐 아니라 디자인의 아주 섬세한 부분까지도 사람들이 어떻게 하면 좀 더 편하고 쉽게 사용할 수 있을까를 고려해야 한다. 이런 부분은 여자가 더 잘할 수 있는 부분이라고 생각한다.

패션이나 음악을 전공하는 사람들도 프로그램을 다룰 줄 알아야 한다. 영화 〈아바타〉나 〈호빗〉을 보면 알 수 있다. 이제는 영화도 컴퓨터로 만드는 세상이다. 이처럼 IT 기술은 인문학적 지식에서 비롯된 발상과 한데 어우러지면 새로운 감동을 창조해낼 수 있다.

행복하게 먹고 살기 위해
IT를 알아야 한다

●

덕 굴드Doug Gould라는 광고계 베테랑의 이야기가 〈월스트리트 저널〉에 소개된 적이 있다. 그는 확고한 자신의 지위에도 불구하고 50대에 접어들자 불안해지기 시작했다고 말했다. 옆자리에서 일하는 젊은 직원들이 해박한 IT 지식을 바탕으로 새로운 아이디어를 내고 첨단 디자인과 애니메이션을 다루는 모습을 보면서, 자신은 한물간 사람 같다는 생각이 든다는 것이다.

덕은 자신이 이십대 후반이었을 무렵, 컴퓨터 그래픽 기술이 사람이 직접 손으로 그린 그림을 대체하던 시절에 그 기술에 대해 잘 몰랐던 나이든 임직원들이 일자리를 잃고 물러나는 모습을 지켜본 경험이 있다. 그래서 덕은 일찌감치 소셜미디어 활용법 등

IT 관련 강좌를 틈틈이 들었고, 트위터를 활용한 광고 캠페인까지 진행했다. 결과는 성공적이었다. 물론 불안한 기분은 여전히 가시지 않았지만 그래도 그는 성공적인 중년의 광고인으로 활약하고 있다.

만약에 덕이 그래픽 기술이 사람의 그림을 대체하던 시절에 물러난 자신의 선배들에게서 교훈을 얻지 못했다면, 그는 지금처럼 소셜미디어로 광고 캠페인을 진행하는 유능한 광고계의 베테랑이 되지는 못했을 것이다.

혼자서도 쉽게 컴퓨터를 배울 수 있다

피아노를 배워서 '엘리제를 위하여'라는 곡을 연주하려면 몇 년 동안이나 레슨을 받아야 한다. 초상화라도 한 장 제대로 그릴 수 있으려면 미술학원은 또 얼마나 오래 다녀야 하는가. 거기에 비하면 컴퓨터는 조금만 공부하면 금방 사용할 수 있다. 사실 며칠만 마음잡고 사용법을 배우면 '어, 이거 별거 아니네!'라는 생각이 들 수도 있다.

컴퓨터 학원을 몇 개월씩 다닐 필요도 없다. 내가 프로그래밍을 배우는 데 흥미가 있는지 아닌지를 알고 싶다면 웹사이트 code.org에 들어가서 간단한 테스트를 해보면 된다. 해당 사이트는 한국어 서비스도 지원이 되고 있다. 그 사이트에서 앵그리버드와 좀비를 움직여서 목적지에 도착하는 20단계의 문제를 풀어보라. 그 과정이 바로 프로그래밍을 해보는 것인데 부담 없이 게임처럼 즐길 수 있다. 이걸 한 시간이 걸리든 하루가 걸리든 20단계까지 가보라. 20단계까지 갔다면, 당신은 프로그래밍을 배울 수 있는 충분한 능력을 지니고 있으므로 자신감을 가져도 좋다.

code.org는 이란에서 미국으로 건너온 파토비Partovi 형제가 2013년에 보다 더 많은 사람들이 프로그래밍을 경험해볼 수 있도록 만든 비영리재단이 운영하는 사이트다. 2013년 12월에 이 사이트에서 'Hour of code'라는 운동을 벌였는데, 170개 나라에서 1,500만 명의 학생들이 참여했다. 이를 통해 전세계 학생들에게 컴퓨터 프로그래밍의 원리를 소개하고 실질적인 경험을 해보도록 한 것이다. 미국의 많은 중고등학교에서는 수학시간에 이 프로그램에 참여하기도 했다.

컴퓨터 게임으로만 해본 앵그리버드를 내가 직접 움직여서 돼지를 잡으러 가보자. 어떻게 이 앵그리버드를 돼지가 있는 곳까지 보낼 수 있을까? 잠깐 고민을 해보자. 그리고 다음 페이지의 그림을 보면서 돼지 잡기 블록게임을 직접 해보자. 이때는 오른쪽 블록을 보지 말고, 왼쪽의 앵그리버드와 주변 벽만 보고 어떻게 할 것인지 생각해봐야 한다.

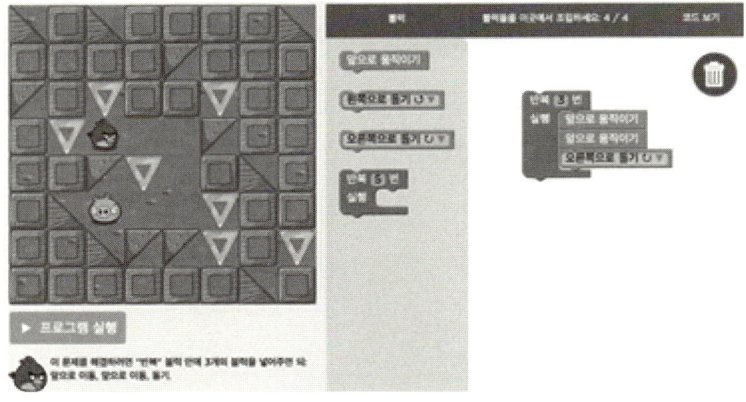

앵그리버드 돼지 잡기 블록 게임

먼저 앞으로 두 칸을 가야 한다. 그러면 벽 앞에서 멈추게 되고 그 위치에서 오른쪽, 즉 아래쪽으로 방향을 바꿔야 한다. 그리고 다시 두 칸을 가면, 역시 아래쪽 벽에 다시 막히게 된다. 그러면 다시 오른쪽으로 방향을 바꾸고 다시 두 칸을 가게 되면 돼지를 잡을 수 있다. 아직 프로그래밍을 하지 않았다. 이렇게 해야 한다는 것을 정리한 것이다. 이것이 우리의 생각이다.

그 생각을 다시 정리해보면 다음과 같다.

앞으로 한 칸,

다시 앞으로 한 칸,

그 다음에 오른쪽으로 방향을 바꾼다.

앞으로 한 칸,

다시 앞으로 한 칸,

그 다음에 오른쪽으로 방향을 바꾼다.

앞으로 한 칸,

다시 앞으로 한 칸,

그 다음에 오른쪽으로 방향을 바꾼다.

이렇게 같은 일을 3번 반복하면 돼지를 잡을 수 있다. 그럼 이제 이 그림의 오른쪽에 쌓은 블록처럼 다음과 같은 프로그램이 만들어진다.

아래 3단계 과정을 3번 반복하기
- 앞으로 움직이기
- 앞으로 움직이기
- 오른쪽으로 돌기

이것이 엔지니어들이 하는 프로그래밍의 과정이며 기본 원리다. 컴퓨터 프로그래밍은 사람의 생각을 컴퓨터에 옮겨서 입력하는 과정이다. 이처럼 쉽게 프로그래밍을 배울 수 있는 곳으로는 코드 아카데미Code Academy와 MIT 미디어랩의 스크래치Scratch 등이 있다.

학생들은 왜 컴퓨터 프로그래밍을 배워야 하는가

컴퓨터를 배워야 하는 이유, 좀 더 정확한 표현으로 프로그래밍을 배워야 하는 이유는 여러 가지로 답할 수 있다. 하지만 질문한 사람이 학생이라면 첫 번째 대답은 '훗날 밥벌이를 하기 위해서'다. 앞으로는 소프트웨어 분야뿐만 아니라 컴퓨터와 관련된 직업이 많아질 수밖에 없다. code.org에 따르면, 미국에서는 매년 컴퓨터 프로그래머의 일자리가 두 배로 늘어나고 있다고 한다.

하디 파토비Hadi Partovi는 code.org를 만든 이유를 이렇게 설명했다. "앞으로 소프트웨어 분야에서 다양한 일자리가 창출되기 때문에 만든 것만은 아니다. 아이들이 다가올 미래의 기초 분야를 배울 수 있게 도움을 주기 위해서다." 빌 게이츠Bill Gates와 마크 저커버그 또한 학생들의 프로그래밍 교육을 강조해왔는데, 두 사람이 직접 이 사이트의 강의 비디오를 통해 코딩을 설명하는 모습은 상당히 인상적이다. 스티브 잡스 또한 생전에 프로그래밍에 대한 철학을 담은 유명한 말을 남기기도 했다. "이 나라 모든 사람들이 컴퓨터 프로그래밍을 배워야 하는 이유는, 그것이 당신에게 생각하는 방법을 가르쳐주기 때문이다."

이들이 왜 이리도 프로그래밍을 강조하고 있는지 그 이유를 한 번 생각해보자. 빌 게이츠는 "프로그래밍을 배우는 것은 생각의 폭을 넓히고 더 나은 생각을 할 수 있도록 한다. 모든 방면에서 도움이 될 수 있는 것들을 생각하는 방법을 가지게 한다"라고 말했다. 그의 말에 따르면 컴퓨터 프로그래밍은 단순히 코드를 작성하기 위한 것이 아니라, 생각하는 방법을 배울 수 있게 해준다.

　마크 저커버그는 열두 살에 이미 프로그래밍을 시작했다. 그처럼 컴퓨터 프로그램을 다루는 사람들은 자신들이 만든 프로그램으로 세상에 크고 작은 영향을 주고 있다. 그리고 그 과정에서 분석하고, 이해하고, 문제를 해결하고, 다양한 아이디어를 고민하고, 만들어 내는 새로운 경험을 하는 것이다. 정말 좋은 말이다. 그렇다면 컴퓨터 프로그래밍이 학생들에게 구체적으로 무슨 도움을 줄 수 있을까?

　첫째, 현실적으로 미래에 다양한 직업을 가질 수 있는 기회를 얻는다. 프로그래밍에 흥미를 느끼고 재능을 발견한다면 이 분야로 나갈 수 있다. 게임 개발자가 될 수도 있고, 많은 사람들이 사용하는 소프트웨어 개발자가 될 수도 있다. 앞으로 컴퓨터가 사람의 일상에도 회사의 업무에도 지금보다 더 다양하게 활용될 것은 불 보듯 뻔한 일이므로, 컴퓨터 프로그래밍 관련 지식은 분명히 보다 많은 기회를 제공해줄 것이다.

　둘째, 논리적이고 수학적인 사고를 기를 수 있다. 나중에 어떠한 직업을 가지든 이러한 능력은 꼭 필요한 것이다.

　미국 대부분의 도시에서는 커뮤니티 센터에서 주관하는 스포츠나 캠프 등의 다양한 액티비티 프로그램들이 분기별로 운영된다. 그중 초등학생 여름방학 프로그램 가운데 눈에 띄는 것이 로보틱스

Robotics 캠프와 테크놀러지Technology 캠프다. 스탠퍼드 대학을 포함하여 실리콘밸리 지역의 여러 대학에서도 여름마다 이 캠프를 운영하는데, 수많은 프로그램 중에서도 가장 인기가 높아 순식간에 신청이 마감되곤 한다. 여덟 살부터 참여할 수 있는 이 캠프에서는 기술에 대한 기본 개념, 동작 원리 등을 배우고 프로그래밍까지 실험해본다.

MIT 미디어랩의 미치 레스닉Mitch Resnick 교수 또한 TED 강연에서 학생들이 프로그래밍을 공부해야 하는 이유를 밝혔다.

> 요즘 젊은 사람들은 새로운 기술을 '배우고 다루는 데' 경험이 많아 금세 익숙해진다. 그런데 새로운 기술을 '만들어내거나', 새로운 기술로 '자신을 표현하는' 경험은 적다. 프로그램 언어를 배워서 읽는 것은 익숙한데, 쓰는 것은 잘하지 못한다는 것이다.
> 이유는 프로그래밍이 아주 극소수의 전문 직업을 가진 사람들만의 일이라고 생각하기 때문이다. 컴퓨터를 이용해 내가 생각하는 게임을 만들거나, 현실과 연결해 나의 손짓 발짓으로 게임 속의 풍선을 터뜨리는 일이 별것 아니라는 생각을 하지 못하기 때문이다. 다시 말해 이런 것들이 전문적인 프로그래밍을 배워야만 할 수 있는 어렵고 복잡한 일이 아니라는 사실을 모르기 때문이다.
> code.org에서 확인할 수 있듯이 아이들도 프로그래밍을 할 수 있다. 프로그래밍을 배우는 일이 중요한 이유는 그 과정에서 코드를 사용한다는 것이다. 코드 사용법을 배우면 이를 이용해 더 다양한

경험을 하게 된다. 읽기와 쓰기를 배우면, 읽고 쓰는 것 이상의 많은 기회를 만날 수 있는 것과 같은 이치다. 읽기를 배우면 다른 정보를 읽어서 새로운 지식을 배울 수 있다. 학생들은 코드 자체를 배우는 것이 아니라, 직접 상호작용하는 과정에서 내가 어떻게 정하고 움직이는지에 따라 어떤 변화를 만들어낼 수 있는지를 이해하는 것만으로 족하다. 이로써 전체 프로젝트의 설계 과정과 흐름을 자연스럽게 배울 수 있기 때문이다. 깨알 같은 아이디어로 시작해서 그럴듯한 프로젝트로 변해가는 과정을 경험하게 되는 것이다. 그와 더불어 새로운 생각을 실험하고, 복잡한 문제를 작은 문제로 단순화하고, 다른 사람들과 일하는 방법을 익힐 수 있다. 또 어떻게 문제점을 찾고 고쳐가는지, 일이 제대로 안 풀릴 때 드는 좌절감에는 어떻게 맞서야 하는지도 배우게 된다.

이런 경험은 프로그래밍을 하는 데만 필요한 것이 아니다. 무슨 일을 하든 필요한 경험이다. 아이들이 프로그래밍을 배우는 과정에서 한 경험은 훗날 스스로 어떤 직업을 선택하든 간에 어떤 식으로든 보탬이 될 것이다.

전문가가 되기 위해 프로그래밍을 배우라는 것은 아니다

레스닉 교수는 프로그래밍을 통해 생각하는 능력을 키울 수 있다는 점도 강조했다. "우리가 읽기와 쓰기를 배우는 이유는 작가가 되기 위함이 아니다. 단지 극히 일부의 사람만 작가가 된다. 코드도 마찬가지다. 모든 사람들이 컴퓨터 전문가나 프로그래머가 되는 것이 아니다. 하지만 창의적으로 생각하고, 체계적으로 생각하고, 협업하는 능력을 코드를 배우면서 키울 수 있다. 무슨 일을 하든 상관없이 코드 쓰기는 우리의 생각과 감정을 표현할 수 있도록 해주는 뛰어난 도구이다."

만일 고등학생인데 공대에 진학할 예정이라면, 반드시 프로그래밍을 배우라고 권하고 싶다. 이유는 바로 생산성 때문이다. 프로그래밍을 하거나 컴퓨터를 잘 활용하면 그렇지 않은 사람보다 10배는 더 빨리 일을 처리할 수 있다. 엑셀을 사용하더라도 매크로Macro를 사용해서 더 빠르게 작업할 수 있는 것이다. 그리고 프로그래밍을 하는 사람은 더 창의적인 해결방법을 찾아낼 수 있다. 프로그램으로 자료를 정리하고 원하는 대로 간단하게 분석해볼 수 있다.

그리고 다른 프로그램을 다루는 사람들과 생산적인 대화를 통해 협업의 가능성을 찾아낼 수도 있다. 혼자서 프로그램을 개발해서 문제를 해결하는 것보다 하나의 문제를 쪼개고 나누어서 프로그래밍함으로써 보다 쉽게 풀어갈 수 있는 것이다. 프로그래밍이란 것은 일반 사람들이 생각하는 것보다 훨씬 많은 것을 담고 있다. 수학적 논리를 배우고, 체계적인 글쓰기를 배우는 훈련이다.

앞으로는 컴퓨터 앞에 앉아 무엇을 검색할지에 대해 생각만 해도 컴퓨터가 사용자의 마음을 읽어 검색 결과를 보여주게 될 것이다. 실제로 컴퓨터 기술은 하루가 다르게 발전하고 있다. 컴퓨터가 사람의 마음을 읽어주듯이, 이제는 우리도 컴퓨터가 어떻게 돌아가는지 기본적인 시스템은 알아야 하지 않을까.

Chapter 4

정말
행복해지기

어느 구글러와 일과 삶의 균형에 대해 얘기를 나눈 적이 있다. 그는 내가 정말 하고 싶거나 해야 하는 것들을 자유롭게 할 수 있는 것, 그것이 바로 일과 삶의 균형이라는 결론을 내렸다. 구글러들은 일과 삶의 밸런스를 시간 개념으로 구별하는 것이 아니라, 자유로움과 자기 결정력에 따라 구별한다.

이제 경쟁심을 버리고
경쟁력을 키워라

레고를 조립해보면 그 수많은 조각 중 단 하나만 빠져도 완성이 불가능하다. 수많은 사람들이 함께 살아가는 이 사회와 직장도 레고 블록과 다르지 않다. 큰 블록도, 작은 블록도, 세모난 블록도, 둥근 블록도, 길쭉한 블록도 모두 각자의 역할이 있고 꼭 필요한 존재이듯, 각 개인도 그가 속한 사회와 직장에서 그런 중요한 존재로 인정받아야 한다.

어디에나 일등은 존재한다. 그러나 일등이라고 해서 모든 것을 차지해서는 안 되고, 모든 것을 다 잘할 수도 없는 것이 현실이다. 일등은 또 다른 작은 일등들과 더불어 새로운 조합을 만들어 모두 함께 진정한 일등이 될 수 있도록 리더의 역할을 해야 한다. 그런 일등이 존재하고 인정받는 조직과 사회가 되어야 한다.

큰 일등과 작은 일등들이 어울려 만들어가는 디지털 세상

기업들의 팀 사이즈는 점점 작아지는 추세다. 그 이유는 인터넷 덕분에 외부의 정보를 손쉽게 활용할 수 있기 때문이다. 팀 사이즈가 작아지면서 팀의 구성원들은 더 이상 리더의 명령에 따라 움직이지 않는다. 대신 각자가 키스톤Keystone으로서 전문성과 오너십을 가지고 자신의 분야에 해당하는 레고 조각을 만들어간다.

이제 리더는 일을 시키는 사람이 아니고, 같이 일하는 사람이다. 디지털 세상에서 리더는 더 이상 상사로서 군림하지 않는다. 팀 안에서 서로를 존중하며 함께 일해야 하는 역할이 조금 다른 사람일 뿐이다.

영화 〈오션스 일레븐〉을 보면 조지 클루니 같은 리더도 중요하지만, 그에 못지않게 자신의 역할을 잘해낼 수 있는 열 명의 도둑들도 중요하다. 그중 한 명이라도 빠지면 프로젝트는 실패한다. 팀원끼리 서로 경쟁하는 대신 각자의 몫을 제대로 해내는 것이 중요하다. 다시 말해 자신의 몫을 충분히 잘해낼 수 있는 능력을 갖출 수 있도록 항상 공부해야 한다. 최고의 성과는 팀원 한 사람 한 사람이 최고의 능력을 갖추고, 최고의 팀워크를 발휘할 때 비로소 낼 수 있다.

오늘날은 개인보다는 여럿이 함께 팀으로 일해야 성과를 낼 수 있는 디지털 시대다. 더 이상 유능한 개인이 혼자 모든 것을 다 하는 시대가 아니다. 대신 세상 어딘가에 있는 지식을 활용하거나 그런 지식을 가지고 있는 사람을 찾아서 함께해야 하는 시대다.

게다가 제품 개발도 전통적인 방식과는 비교조차 할 수 없을 정도로 빠르고 다양하게 이루어지고 있다. 내가 떠올린 아이디어라고 해도 이미 누군가가 그것을 실행하고 있다고 봐야 할 정도다. 모바일 앱이든, 창업 아이템이든 누군가는 나와 같은 생각을 하고 있다고 보면 된다. 그러므로 더 많은 정보를 찾고 키스톤을 찾아서 그 어디선가에 있을 경쟁자와 선의의 경쟁을 해야 한다. 이는 더 나은 세상을 위한 경쟁이고, 팀대팀으로서의 경쟁이기도 하다.

한 사람 한 사람의 역할이 경쟁심보다 중요하다

몇 년 전 F1대회 중계방송을 보았다. 언뜻 보기에 레이싱에 참가한 경주용 자동차들은 다 비슷해보였다. 그리고 중계하는 아나운서는 드라이버들을 상세히 소개하면서 작년 우승자는 누구이며, 또 다른 경기에서 우승한 선수는 누구인지도 알려주었다. 마치 드라이버의 능력에 의해 승부가 갈리는 개인 자동차 경주인 듯 보였다.

그런데 사실 이 F1대회는 드라이버 외에 최고의 엔진을 장착한 성능 좋은 자동차가 있어야 하고, 기술지원팀과 정비팀 등이 분초를 다투면서 일사분란하게 움직여야 하는 팀워크 스포츠다. 드라이버 또한 단지 운전만 잘하면 되는 것이 아니고, 차체 내에 가해지는 엄청난 열과 코너에서의 압력 등을 견뎌낼 수 있는 체력과 집중력을 갖고 있어야 한다.

특히 경기 도중에 자동차 타이어를 바꾸기 위해 차고에 잠시 들르는 피트 스톱Pit Stop 장면을 보면 팀워크의 중요성을 다시 확인할 수 있다. 이때 팀원들은 0.1초라도 줄이기 위해 일사분란하게 움직인다. 지렛대로 자동차를 살짝 들어올리는 사람, 바퀴 조임쇠를 푸는 사람, 바퀴를 빼는 사람, 새 바퀴를 끼우는 사람, 그리고 다시 조임쇠를 조이는 사람이 각자의 일을 2~3초 내에 정확히 해내야 하는 것이다. 누구 하나 자기의 몫을 다하지 못하면 경기에서 절대 좋은 성적을 거둘 수 없다.

드라이버만으로는 자동차 경주를 할 수가 없다. 타이어 바꾸는 일을 하는 사람들도 최고의 기술과 팀워크를 가진 기술자여야 한다. 그들은 팀에서 없어서는 안 될 중요한 사람으로 각자 자신의 역량을 키워야 한다. 0.5초 만에 타이어를 빼낼 수 있게 되었으면, 다시 0.1초 더 빨리 뺄 수 있게 노력하고 공부해야 한다.

축구 역시 마찬가지다. 모두 다 공격수가 될 수도 없고 그래서도 안 된다. 축구 경기가 제대로 이뤄지려면 최전방 공격수, 미드필 더, 수비수, 골키퍼 등 모두가 각자 위치에서 자기의 역할에 최선을 다해야 한다. 주장은 11명의 선수들을 중원에서 지휘하는 리더로서 벤치의 코칭스태프와 열 명의 선수들 사이에서 다리 역할을 해내야 한다. 수비수는 맡은 포지션에서 최선을 다하고 필요하면 공격에도 가담하고 슈팅까지 날려야 한다. 최전방 공격수 또한 팀이 위기에 몰릴 때는 골대 앞으로 달려가 공을 막아야 한다. 몇 골의 어시스트를 기록했느냐는 몇 골을 넣었는가만큼이나 축구선수의 역량을 평가하는 중요한 기준이다. 이것은 축구에서 팀워크가 얼마나 중요한지 보여주는 증거다. 또 축구 경기 내내 그리고 경기를 마친 후에도 축구 전문가들이 팀의 조직력과 팀워크에 대해 끊임없이 이야기하는 것을 보아도 알 수 있는 사실이다.

나는 건강한 경쟁자가 되기 위해 노력하고 있는가

잘못된 경쟁은 나를 다른 사람과 비교하는 것에서 시작된다. 그렇다면 잘못된 경쟁을 하지 않으려면 어떻게 해야 할까?

우선, 나 자신이 습관적으로 남과 나를 비교하며 살고 있지는 않은지 돌아보자. 반에서 일등 하는 친구와 내 점수를 비교하면서 단지 성적 때문에 불행하다고 느껴서는 안 된다. 그 친구가 일등을 하기 위해 공부에 몰입하는 동안 나는 드럼을 열심히 연습해 밴드의 멤버가 되어 음악을 즐기게 되었다면 거기서 행복을 찾으면 된다. 피트니스 센터에서 내 배에는 식스팩이 없는데 옆 사람 배에는 식스팩이 선명하다고 해서 무작정 부러워할 필요도 없다. 어제 저녁 내가 맛있는 갈비를 구워 먹을 때 그는 텁텁한 닭가슴살을 먹었을 테니까 말이다. 남과 나를 비교함으로써 스스로를 깎아내리는 것은 내 삶에 아무런 도움이 안 된다.

그리고 모든 사람은 다르다는 것을 인정하자. 일란성 쌍둥이로 태어나도 두 사람은 다르다. 다른 것을 경험하고, 다르게 느끼며 다른 재능을 가지게 된다. 재능은 타고나기도 하지만 경험과 개선의 과정을 거쳐서 만들어지기도 한다. 음치에 박치였던 가수 김범수는 타고난 매력적인 목소리에 끊임없는 연습을 더하여 대한민국 최고의 실력파 가수가 되지 않았나?

조직개발 컨설팅을 하는 벳시 윈클러Betsy Winkler는 건강한 경쟁을 위해 필요한 것들로 네 가지를 제시했다. 그중 첫 번째가 끊임없이 연습해야 한다는 것이다. 끊임없이 공부하면 실력이 더 나아질 수밖에 없다. 앵그리버드나 애니팡 게임을 생각해보라. 하루 온종일 핸드폰을 붙잡고서 정말 많은 시간을 투자해서 레벨을 올리다보면 끝까지 다 깰 수 있을 것이다. 하면 할수록 레벨이 더 올라간다. 그리고 게임을 잘하는 사람들은 처음 하는 다른 게임도 잘한다. 이런 경향은 공부하는 것과 일을 하는 것에서도 똑같이 나타난다.

두 번째는 같이 공부하는 친구들이나 직장 동료들과 불필요한 문제를 만들지 말라는 것이다. 논쟁은 논리적이고 서로에게 도움이 되어야 한다. 이는 서로를 존중하는 마음을 바탕으로 해야 가능한 일이다. 불필요하게 딴죽을 걸거나 상대방의 민감한 부분을 건드리는 데에 집착하는 것은 불필요한 문제를 만들 뿐이다. 상대를 존중하는 마음은 동료들뿐만 아니라 부하직원과 상사 사이에도 반드시 필요하다. 상사 또한 후배나 부하직원을 통해 배울 것이 있다는 것을 명심하자.

세 번째는 상사뿐만 아니라 같이 일하는 동료들에게도 나의 목표나 진행상황을 항상 공유하는 것이다. 이것은 '내가 아는 것은 나만 알아야 한다는 생각'을 버리면 가능한 일이다. 이 간단한 일이 아주 대단한 효과를 낼 수 있다는 사실을 금세 알게 될 것이다.

네 번째는 좌절하지 말자는 것이다. 어떤 일에 실패했다고 해서 '회사를 때려치워야지' 하는 말은 농담으로라도 하지 않는 것이 좋다. 그런 말을 내뱉는 순간, 그것은 더 큰 문제를 만들어낼 수도 있다. 남에게 하는 말이건, 혼자 하는 말이건, 생각이 입 밖으로 나오는 순간 책임감이라는 무게가 실려버린다. 좋은 일에 대해서는 말을 많이 하고 부정적인 일이나 생각은 꼭 필요한 정도만 이야기하자. 지금 일이 내 의도대로 안 풀렸다고 해서 끝이라고 생각하면, 나에게 다가오던 더 많은 기회를 잃을 수 있다. 실패했다고 세상이 끝난 것처럼 다 폭발시키지 말자. 잠깐의 숨고르기가 또 다른 기회를 가져다줄 수 있다.

이 시대의 리더는 어떻게 다른가

예전의 리더상과 오늘날의 리더상은 많이 다르다. 지금의 리더상과 미래의 리더상도 다를 것이다. 우리는 과거에 리더들이 조직을 회생 불가능한 상태로 만들어버리는 모습을 수없이 보아왔다.

《소셜노믹스Socialnomics》의 저자인 에릭 퀄먼Erik Qualman은 디지털 리더에 대해 많은 이야기를 해왔다. 그는 자신의 또 다른 책인 《디지털 리더Digital Leader》에서는 성공을 위한 몇 가지 핵심 요소를 이야기한다.

그는 첫째로 심플을 강조한다. 일을 하는 방법도, 문제를 분석하는 방법도, 대중에게 어필하는 방법도 단순함만큼 쉬운 것은 없다는 것이다. 일을 하는 방법을 생각해보자. 항상 바쁘다고 생각하는 이유는 꼭 여기에서부터 시작한다. 한꺼번에 여러 가지의 일을 하고 있기 때문이다. "멀티태스킹을 하는 순간, IQ가 10퍼센트 떨어진다"는 에릭 퀄먼의 말을 잘 생각해보자.

구글과 애플의 성공에는 한 가지 공통점이 있다. 바로 '단순함'이다. 구글 홈페이지는 15년째 만들다가 만 듯하다. 하지만 15년째 바로 오늘까지 그 휑한 홈페이지에서 매일 수십억 명이 검색을 하고 있다. 애플은 버튼이 하나밖에 없는 아이폰으로 새로운 역사를 썼다. 이렇듯 지금 세상을 이끌어간다고 말할 수 있는 두 기업의 공통점인 '심플'은 그 기업의 리더들이 가진 철학이다. 아이들에게 프로그래밍을 배워야 한다고 말하는 이유도 심플함을 가르치기 위함이다. 복잡한 문제를 컴퓨터 프로그래밍화하려면 단순화해야 하기 때문이다.

둘째, 진실과 매칭이다. '내가 가장 잘하는 것이 뭔가?'라는 질문에 대답해보라. 누구나 이 질문에 대한 답은 갖고 있다. 다만 스스로가 모를 뿐이다. 하지만 어느 순간 다른 사람에 의해 발견되기도 하고, 우연한 기회에 스스로 깨닫기도 한다. 아주 뛰어난 마케팅 능력이 있는 사람을 엉뚱하게 회계를 담당하는 자리에 앉혀두면 그 사람은 무능한 사람이 되고 만다. 뛰어난 리더는 사람들의 능력을 알아보고 그들을 적재적소에 앉힐 수 있는 능력을 가져야 한다.

셋째, 실행력이다. 생각만 하고 실행하지 않으면 아무 일도 일어나지 않는다. 아무리 좋은 생각이라도 내 머릿속에 머물고 있다면 소설에 불과하다. 결정을 하지 못하고 주저하는 것만큼 무능한 것은 없다. 특히 리더가 이렇게 실행력이 부족하면 조직에는 치명적이다. 그 밑에 소속되어 있는 모든 팀원과 팀이 흔들릴 수 있다.

에릭 퀄먼은 디지털 시대에 요구되는 리더십을 전통적인 리더십과 분명히 구분하고 있다. 전통적인 리더십은 직급이나 타이틀을 중요하게 여겼다. 사실 한국에서는 더욱 그렇다. 그래서 명함도 아주 중요하다. 정부 부처나 외부 회사와 미팅을 하면 그 명함들이 빛을 발한다. 내 명함에는 '구글 엔지니어링 매니저'라고만 적혀 있다. 그래서인지 내 명함을 받은 '김 이사님'의 반응은 영 신통치가 않다.

흰머리도 희끗희끗하고 나이도 좀 있어 보이는데 '매니저'라니, 무능력한 만년 대리쯤으로 보는 듯하다. 김 이사님을 따라온 과장님, 또 대리님의 명함 뒤쪽에도 영문으로 무슨 매니저라고 적혀 있다. 내 명함을 받은 그들의 첫 마디는 이거다. "저, 뭐라고 불러야 합니까? 매니저님이라고 할까요?" 그러니까 김 이사님은 지금 구글에서 온 대리와 미팅을 하고 있는 것이다.

미팅이 막바지에 이르면 협의한 것에 대해 결정을 내려야 한다. 구글러들은 "그럼 이건 이렇게, 저건 저렇게 하는 걸로 하겠습니다"라고 대부분 그 자리에서 결정한다. 그러나 김 이사님은 자기가 결정할 수 없으니 돌아가서 사장님께 보고 드린 후 알려준다고 한다. 대리쯤으로 보이는 명함을 가진 구글러는 그 자리에서 바로 결정할 수 있는데, 이사님은 그런 결정 하나 스스로 못하는 것이다. 사실 이는 그냥 넘길 수 있는 간단한 문제가 아니다. 구글코리아의 세일즈 조직조차 이 벽을 넘지 못하고 상무니, 부장이니 하는 타이틀을 대외적인 명함에 새기고 다녀야 할 정도니 말이다.

중요한 것은 '문제를 어떻게 해결할 것이냐' 하는 것이고, 필요하다면 뒤로 물러나서 팀의 구성원으로 다시 돌아갈 수도 있어야 한다. 그렇다면 당신은 자신의 자리를 다른 사람에게 넘겨주고 뒤로 물러날 수 있는가?

어떤 경쟁력을 갖추기 위해
노력하고 있는가?

●

한국 학생들 중 이른바 비명문대학을 졸업한 학생들이 취업 상담을 해올 때가 있다. 혹시나 면접의 기회를 얻지 못할까봐 걱정하는 것이다. 실제로 한국에서는 그런 경우가 많으니 그 학생들의 우려가 괜한 것은 아니다. 하지만 공대 쪽은, 특히나 프로그래머의 경우는 출신학교 등 프로필과는 별도로 자신만의 경쟁력을 보여줄 수 있는 길이 있다.

요즘은 모바일 앱 개발, 지도 매쉬업이나 창업 등을 체계적으로 가르치는 학교도 많이 생기고 있다. 다만 시야를 한국어 앱으로 좁히지 말고, 글로벌 마인드를 가지고 목표를 크게 세우면 좋겠다. 예전에는 글로벌 마인드를 가지기 위해 유학도 가야 했고 글로벌 탐방도 필요했지만 지금은 인터넷으로 필요한 글로벌 지식과 트렌드를 공부할 수 있다. 디지털 세상의 오픈 리소스를 이용해야 한다.

싸움을 할 때는 무기가 있어야 한다. 손에 든 것도 없이 자신의 프로필만 한탄해서는 안 된다. 스스로 경쟁력을 갖추어야 한다.

경쟁심을 제대로 발휘하라

경쟁심을 발휘하더라도, 자기 역량이나 한계를 뛰어넘기 위해 열정을 다하는 것과 자기 역할이 아닌 것을 탐내는 욕심은 구분해야 한다. 영화에서 조연은 대개 주연을 돋보이게 하는 역할을 한다. 그런데 조연이 주인공과 자신을 비교하면서 연기하면 그는 평생 불행할 뿐이다. 하지만 자신의 역할에 충실하면 오히려 주연을 뛰어넘는 배우가 될 수 있다. 최근에는 깊은 인상을 남기는 조연들이 늘어나고 있다.

자신의 역할을 작다고 여기지 않고 열정을 다해 연기한 조연들 중에 주연으로 발탁되는 사례도 많다. 배우 해리슨 포드를 보자. 그는 대학교 시절 사람들 앞에 나서는 것을 끔찍하게 두려워했지만, 유독 사람들 앞에 나서서 이야기를 하거나 발표하는 것만은 좋아했다고 한다. 대학을 중퇴하고 아내와 함께 할리우드로 향한 그는 일주일에 150달러를 받으면서 계약직 단역으로 일했다. 때로는 그마저도 제대로 못해 "다시는 이 바닥에 들어오지 말라"는 소리를 듣기도 했다. 하지만 그는 10년 가까이 목수일로 돈을 벌면서 단역으로 영화에 출연하는 노력을 멈추지 않았다. 해리슨 포드와 같은 뛰어난 배우가 이런 무명의 시절을 겪었다는 것이 상상이 되는가? 눈에 띄지 않은 아주 작은 역할에서부터 시작해서 지금 유명하게 된 배우는 해리슨 포드뿐만 아니라 정말 많다. 경쟁력은 이렇듯 스스로 오랜 기간 갈고 닦으며 만들어가는 것이다.

구글의 경쟁은 어떻게 다른가

구글에 근무하다보면 종종 기분 좋은 경험을 하곤 한다. 그중 하나가 누군가가 승진했을 때 주위 사람들이 정말 기분 좋게 축하해주는 일이다. 가식이 아니고 진심이다. 겉으로는 축하하면서도 조금쯤은 질투심이나 불만을 가질 수도 있겠지만, 구글에서는 전혀 그렇지 않다. 나는 정말 그렇다고 확신한다.

구글에는 2만 명이나 되는 세계 최고의 소프트웨어 엔지니어들이 있다. 그리고 그들은 모두 다른 자질을 갖고 있다. 구글에서는 프로그래밍을 한다고 해서 다 똑같은 자질만을 요구하지 않는다. 어느 자리에서든 잘할 수 있는 구글러가 있는가 하면, 어떤 자리에서만 빛을 발하는 구글러들도 많다. 구글이 놀랍게 성장하고 있는 이유 중 하나는 그 사람이 가장 빛날 수 있는 자리를 잘 찾아준다는 것이다.

구글은 직원들이 스스로 성장하게 해서 그만의 경쟁력을 이끌어낸다. 최고의 엔지니어를 뽑아서 전문 분야는 더 배우게 하고, 다양하고 새로운 시도를 하게 함으로써 보다 폭넓은 경험과 지식을 습득하게 한다.

소프트웨어 엔지니어는 누구든지 작성하는 프로그램 코드에 대해 리뷰를 받아야 한다. 그게 코드가 아니고 단 한 줄의 코멘트(프로그램 수행에 영향을 주지 않는 주석문)라 할지라도 마찬가지다. 코드가 틀렸거나, 덜 효과적인 방법을 사용했거나, 주석문에 영어 오자가 있다면 다른 구글의 리뷰어들에 의해서 다듬어진다. 이러한 과정을 통해 구글러들은 점점 더 효율적인 프로그래밍을 할 수 있도록 키워진다. MIT를 수석으로 졸업한 사람이라도 마찬가지다.

모난 돌들이 서로 부딪히면서 다듬어지는 과정을 겪는 것처럼, 구글의 모든 소프트웨어 엔지니어들은 서로의 결과물을 리뷰해주고, 때로는 서로의 논리와 지식을 내세워 논쟁하면서 문제를 해결해나간다. 프로그램뿐만 아니고 생각하는 방법, 문제를 푸는 방법, 프로젝트를 바라보는 관점까지 서로 리뷰를 주고받으면서 부족한 생각이나 지식을 발전시켜 나간다. 그 결과 '100'의 능력을 가지고 구글에 들어온 엔지니어들은 시간이 지나면서 그 이상의 능력을 가지게 된다.

코드만 잘 작성한다고 되는 것은 아니다. 남을 도와주기 위해 먼저 팔을 걷어붙이고 나서거나 사소한 일에도 선뜻 지원하는 자세, 그리고 자기 일의 성과를 잘 보여주기 위한 노력 등을 해야 한다. 특히 한국 엔지니어들은 이런 자세를 많이 배우고 있다. 나 역시 제 잘난 맛에 취해 한국에 머물렀다면 소프트웨어 엔지니어(어쩌면 단순 개발자)로 머물렀을 수도 있다. 하지만 구글에 와서 동료와 상사들에게 도움을 받고 때로는 서로 논쟁을 통해 배움으로써 실력을 쌓아가고 있다.

남을 끌어내려서 내가 올라가는 것은 잘못된 경쟁 방식이다. 결국 상대도 망하고 나도 망한다. 진정한 경쟁이란 경험을 쌓고 배우면서 스스로 향상되어 가는 과정이다.

꿀벌이 리더가 되는 세상

이제는 사자나 호랑이 같이 크고 힘이 세 보이는 사람이 아니라, 꿀벌처럼 작지만 키스톤 역할을 하는 사람이 경쟁력을 가지고 그 가치를 인정받는 시대다. 그런데 왜 하필 꿀벌일까?

미국 델라웨어대학교의 곤충학 및 응용 생태학 교수인 듀이 캐런Dewey Caron 박사는 꿀벌의 수분작용(꽃가루를 다른 꽃으로 옮기는 일) 덕분에 우리가 먹는 것의 삼분의 일이 만들어진다고 했다. 지구상에 꿀벌이 없으면 대부분의 식물들이 열매를 맺을 수가 없기 때문이다.

아인슈타인도 지구에서 꿀벌이 사라지면 인류는 멸종한다고 했다. 꿀벌처럼 세상에는 아무도 주목하지 않지만 없으면 안 되는 존재가 있다. 사회에서도 조직에서도 마찬가지다. 눈에 띄는 리더들뿐 아니라 잘 보이지는 않지만 없어서는 안 될 존재들이 많지 않은가?

이제는 정보가 모든 곳에 있다. 그러므로 혼자서 만들어내는 지식보다는 어딘가에 만들어져 있는 지식을 모으는 일이 더 필요한 세상이다. 그 지식이 인터넷에 있다면 그것을 모을 줄 아는 사람이, 그 지식을 가진 사람이 있다면 그런 사람들을 모을 수 있는 사람이 필요하다. 이제는 지식과 지식, 사람과 사람을 연결할 줄 아는 자가 키스톤 같은 존재인 셈이다.

꿀벌은 이 나무 저 나무로 날아다니면서 꽃가루를 옮겨 꽃을 피워낸다. 자연에서 꿀벌이 가장 중요한 역할을 하듯이, 정보가 넘쳐나는 디지털 세상에서는 인재를 찾아내고 모으는 사람이 가장 중요한 역할을 한다. 더 이상 한 사람이 정보를 독점해서는 성공할 수 없다. 팀 내 모든 구성원들의 다양성이 존중되고, 각자 자신의 몫을 잘해낼 수 있는 팀워크가 요구되는 시대이다.

이제 더 이상 리더는 군대식의 무조건적인 명령을 내리는 사람이 아니다. 리더는 팀 구성원들을 모두 키스톤으로 인정하면서 이들 사이에 조화를 만들어가는 사람이다. 사자가 리더가 아닌 꿀벌이 리더인 시대이다. 그렇기 때문에 구성원들은 각자의 정보를 서로 주고받으며 내 것을 더 보완해서 주어진 역할을 더 잘할 수 있도록 스스로를 성장시켜 나가야 할 것이다.

오늘의 나를 넘어서려면
어떻게 해야 할까?

●

"제가 추구하는 피겨는 남과의 경쟁에서 이기는 것이 아니라, 나와의 싸움에서 이기는 거예요. 제가 만족할 수 있는 수준에 도달하는 것, 지금은 그게 가장 중요해요."

2007년 2월 도쿄 세계선수권대회에서 김연아 선수가 3위를 한 후 인터뷰에서 한 말이다. 사람은 저마다 다른 능력을 가지고 있으므로 자신만의 기준과 목표를 가지고 살아가야 한다. 자신이 가진 능력을 외면한 채, 모든 사람들이 똑같은 목표를 향해 오직 공부에만 매진한다면 말 그대로 승자만이 살아남을 수밖에 없다. 다른 사람을 짓밟고 자신만 살려는 부정적인 경쟁이 나타나게 된다. 그러다보면 내가 잘해서 이기려 하기보다 남을 못하게 해서, 또는 남의 약점을 끄집어내서 이기려 할 가능성이 높다. 이런 부정적인 경쟁을 피하기 위해서라도 각자 자신만의 정체성을 추구할 필요가 있다.

경쟁하지 말고 새로운 것을 만들어라

이과를 선택한 고등학생들이나 공대생들이라면 프로그래밍을 잘 배우고 익히면, 그런 부정적인 경쟁에서 벗어나 자신만의 경쟁력을 강화해서 남들보다는 좀 더 여유를 찾을 수도 있다. 기회가 많아지기 때문이다. IT쪽의 소프트웨어 엔지니어만큼 자신의 능력을 객관적으로 인정받기 쉬운 분야는 없다. 사람과 사람 간의 일은 그 결과를 명확히 보여주는 것이 쉽지 않지만, 컴퓨터와 하는 일은 그 결과가 있는 그대로 드러나기 때문이다.

구글은 검색으로 시작했다. 구글이 15년 전 검색 서비스를 처음 시작했을 때, 야후·알타비스타·라이코스 등 쟁쟁한 검색엔진들이 이미 대부분의 시장을 차지하고 있었다. 그런데 대학원생 두 명이 그 시장을 비집고 들어가서 지금 전세계 시장을 독차지하고 있는 것이다. 이유는 간단하다. 기존의 검색 서비스보다 더 잘할 수 있는 한 가지를 찾아냈기 때문이다.

또 다른 구글의 서비스인 구글 메일, 즉 지메일도 마찬가지다.

이미 야후메일, 핫메일 등의 웹메일이 시장의 대부분을 차지하고 있었고, 아웃룩은 기업에서 기본으로 사용하던 이메일 클라이언트였다. 그러나 지금은 지메일이 이 시장을 장악하고 있다. 이유는 기존 이메일 서비스 사용자들이 불편해했던 부분들을 해결해주었기 때문이다. 즉, 대용량 서비스와 심플한 대화형의 사용자 인터페이스 등을 제공한 것이다.

구글 안드로이드, 구글 맵 등 수많은 구글의 대표적인 서비스들은 전부 세상에 없던 것을 만들어낸 것이 아니다. 기존의 서비스에서 불편한 문제들을 해결하고, 필요한 기능을 추가로 제공함으로써 사용자의 마음을 끌어당겼다. 구글은 검색 기술의 한계를 극복해 야후나 알타비스타를 이겼으며, 이메일 사용자의 니즈를 파악해 새로운 기능을 제공함으로써 야후와 마이크로소프트의 이메일 서비스를 누른 것이다. 똑같은 방법으로 달려가면서 경쟁한 것이 아니고, 전략적으로 새로운 길을 찾아서 이길 수 있는 방법을 택한 것이다.

구글이 돈이 많아서 혹은 거대한 기업이라서 자신만의 경쟁력을 가질 수 있었다고 생각하겠지만, 구글은 내가 11년 전 들어왔을 때도 이러한 방법으로 경쟁하고 있었다. 그때는 구글이 야후에 검색엔진을 납품하던 돈 없는 작은 하청업체일 뿐이었는데도 말이다.

경쟁하지 말고 묵묵히 실행에 옮겨라

구글 부사장 우디 맨버Udi Manber는 "그것이 올바른 결정이든 잘못된 결정이든 결정 자체를 주저하고 미루는 것은, 잘못된 결정을 하는 것보다 더 나쁘다"라고 말했다. 무언가를 결정해야 하는 시점에서는 그 길이 옳은 길인지 아닌지 알 수 없다. 모을 수 있는 최대한의 정보와 지식을 가지고 최선의 결정을 내려야 한다. 비록 잘못된 결정이라고 해도 진행 과정에서 수정 보완해나갈 수도 있고, 일을 진행해 봐야 잘못된 결정인지 아닌지도 확인할 수 있다. 잘못된 결정임을 알게 되면 다시 돌아오면 된다. 일찍 알면 그만큼 돌아와야 할 길도 짧아진다. 출발도 하지 못하고 제자리에 있는 것보다는 잘못된 길이라도 갔다가 되돌아오는 것이 더 현명할 수도 있다.

미국의 작가 랄프 에머슨Ralph Waldo Emerson은 "1온스의 행동은 1톤의 이론과 맞먹는다"라고 말했다. 오늘날은 자신의 생각을 망설임 없이 바로바로 실행에 옮기고 연구해서 성과를 이루어내는 사람이 각광받는 시대다.

몇 년 전 연세대학교에 입학한 차석호 군이 바로 그런 경우다. 차 군은 초등학교 1학년 때부터 곤충을 연구해온 파브르 소년이다. 곤충에 대한 관심을 흥미로만 치부하지 않고 어린 나이지만 연구에 매진했다. 선천적인 안과 질환 때문에 공부하는 데는 어려움이 있어 내신은 8등급이었지만, 그런 실행 능력과 자기 주도적인 학습 능력을 인정받아 연세대학교 시스템생물학과에 입학하게 된 것이다.

2009년 고등학생이었던 유주완 군은 한글 초성 검색 앱을 만들어서 며칠 만에 수백만 원의 매출을 올렸다. 서울버스 앱도 1주일 만에 4만 명이 다운로드할 정도로 인기 있는 무료 앱이었는데, 이를 만드는 데는 불과 3주밖에 걸리지 않았다고 한다.

미국 유타 주의 열네 살 소년 로버트 네이Robert Nay가 도서관 컴퓨터를 이용해서 만든 아이폰 앱 '버블볼Bullball'도 대박이 났다. 2주 동안 무려 200만 명이 다운로드를 받아, 앵그리버드보다도 더 많이 다운로드된 게임이 됐다.

이런 예들은 몇몇 천재 소년들의 후일담이 아니다. 어린 나이지만 떠오르는 생각들을 바로바로 실행에 옮기고 꾸준히 연구하여 낳은 결과인 것이다.

경쟁심이 아닌 자신을 개선하려는 마음이 경쟁에서 이기게 한다

구글은 제품을 내놓은 후에 부족한 2퍼센트를 개선하기 위해 끊임없는 작업을 한다. 구글검색 한 페이지를 위해서 수백, 수천 명의 엔지니어들이 지난 15년간 묵묵히 자신의 일을 계속하고 있다. 눈에 보이지도 않을 정도의 미세한 '개선'을 위해 매일매일 노력하고 있는 것이다.

　최근 인터넷으로 50여 편의 성공수기를 찾아서 읽어보았다. 지방에 있는 전문대생의 취업 스토리, 4년제 대학 편입 스토리, 소자본으로 성공한 창업 스토리, 국토종주 스토리 등 정말 다양하고 많은 성공담들이 있었다. 그들은 대부분 전문대 출신이라서, 지방대 출신이라서, 학벌이 안 좋아서, 스펙이 별 볼일 없어서, 자격증이 없어서 등 다양한 콤플렉스를 가지고 있었다. 하지만 조금씩이라도 자신을 개선하기 위해 끊임없이 노력했고 마침내 원하던 것을 이루었다. 그들의 사연에서 쓸데없는 경쟁심 따위를 찾기란 쉽지 않았다. 그들은 자신과 자신의 열악한 환경과 싸웠을 뿐, 남과의 비교나 괜한 경쟁심으로 시간과 열정을 낭비하지 않았다.

　지나친 경쟁심은 개인에게도 좋지 않지만 기업도 위기에 빠지게 한다. 레고 사는 1932년에 문을 연 이후 1998년에 처음으로 적자를 내 위기에 빠졌다. 1,000명이나 되는 직원을 정리해고했고 혁신적인 제품을 만들기 위해 노력했지만, 상황은 점점 더 악화되어 갔다. 사실 문제는 지나치게 혁신만을 강조했기 때문인데, 그 혁신의 이면에는 불필요한 경쟁심이 깔려 있었다. 일등 기업으로서 뒤따르는 경쟁사들을 멀찌감치 따돌리기 위해 지나친 경쟁심을 키웠던 것이다.

　스타워즈 시리즈, 해리포터 시리즈 등이 큰 히트를 쳤지만, 이런 빅 히트는 아이러니하게도 레고 자체를 위기에 빠뜨렸다. 그들이 만들어오던 오래된 시리즈나 맞추기 쉬웠던 익숙한 레고들이 비즈니스 중심에서 멀어져 버린 것이다.

    2003년 이후 회사는 다시 기본에 집중했다. 예전처럼 자동차와 집을 만드는 레고 제품에 주력하면서 기본이 되는 몇 가지 블록과 색깔만을 사용하게 했다. 레고를 새롭게 재탄생시킨 것이다. 레고의 기본적인 기능과 핵심가치에 집중한 후, 회사는 연 40퍼센트의 순이익을 내게 되었다.

매일 끊임없는 반복을 통해
점차 개선해 나가라

●

요즘 나는 회사 마이크로 키친에 있는 커피머신으로 직접 커피를 만들어서 마신다. 구글 카페테리아에서 바리스타가 만들어주는 카푸치노에 매력을 느껴 나도 한 번 만들어봐야겠다는 생각을 하게 되었다.

커피는 에스프레소와 우유의 비율 그리고 우유거품이 있느냐 없느냐에 따라 카푸치노가 되기도 하고 카페라떼가 되기도 한다. 거기에 초콜릿·시나몬·시럽 등이 추가되면 더욱 다양한 커피 메뉴가 된다.

그런데 기본 재료로만 따져보면 모든 커피는 '거기서 거기'일 수도 있다.

지정된 범위 밖에서 차이를 가져오는 법

'거기서 거기'라는 말에 모든 것이 담겨 있지 않을까. 커피는 원두와 우유로 수없이 다양한 응용 메뉴와 부가가치를 만들어낸다. 그렇지만 커피 맛의 결정적인 노하우는 커피에도 우유에도 없었다. 전혀 다른 곳에 있다. 나는 한동안 매일 아침 커피 만들기에 도전했었다. 먼저 에스프레소를 붓고, 그 위에 스팀된 우유를 붓고, 또 그 위에 우유거품을 예쁘게 올려놓았다. 그러나 아무리 바리스타에게 들은 대로 해봐도 뭔가 부족한 맛이었다.

어느 날 그 바리스타에게서 뜻밖의 말을 들었다. 우유를 스팀하고 거품을 낼 때 들어가는 공기의 양을 조절해야 한다는 것이다. 그리고 공기의 양을 조절하는 방법과 함께 공기를 어떻게 주입하면서 우유를 데우는지, 온도는 몇 도까지 올려야 하는지에 대해 설명해주었다.

나는 잠시 놀라움을 느꼈다. 커피를 내리고 우유 스팀을 만드는 모든 과정에서 내 관심은 늘 커피와 우유에만 있었다. 잔잔한 거품을 만들어내기만 하면 된다고 생각했다. 공기의 양을 조절하는 것이 중요한 건지는 짐작조차 하지 못했다. '아, 이거였구나' 싶었다. 전문가가 된다는 것은 누구나의 눈에 보이는 한계에 머무는 게 아니라, 내적인 깊이를 통해 남들이 미처 보지 못하는 곳에서 차이를 발견하는 것임을 알게 되었다.

더 놀라운 것은, 그 바리스타의 설명이 구글의 핵심 전략과 크게 다르지 않다는 것이다. '거기서 거기'라는 말은 정말 맞다. 이미 세상에는 모든 것이 다 있기 때문이다. 세상에 없는 것을 찾기가 있는 것을 찾기보다 더 어렵다. 그래서 뭘 만들어도 별로 새로울 게 없고, 새로울 필요도 없다. 이미 존재하는 것에서 90퍼센트를 가져와서 거기에다가 새로운 아이디어를 10퍼센트 추가하면 된다. 모든 것이 '거기서 거기'일 뿐이지만 그 10퍼센트가 운명을 바꿔놓는다. 커피 메뉴에서 공기가 맛을 좌우하고, 그 바리스타와 나를 전문가와 비전문가로 갈라놓듯이 10퍼센트는 변화와 개혁을 만들어내고 세상을 바꿔놓는다.

커피와 우유만 들여다보며 답을 찾지 말자. 커피와 우유가 90퍼센트라면 10퍼센트의 전혀 색다른 재료들이, 눈에 보이지 않는 공기와 같은 요소들이, 별로 대단하지 않은 그 무엇이, 때로는 어떤 철학이 운명의 열쇠를 쥐고 있는 것이다.

얼마 전 아마존에서 작은 물건은 무인 비행체 드론Drone으로 배송하겠다고 발표하자, 클라우드 펀딩 서비스인 킥스타터Kickstarter나 아마존 쇼핑몰에 너도나도 쿼드콥터Quadcopter를 만들어 소개하고 있다. 나의 친구도 30만 원 정도의 재료비를 써서 대형 드론을 만들어 하늘에 띄웠다. 여기까지는 많은 사람들이 가볼 수 있는 길이다.

이제 혁신은 여기서부터 시작된다. 수많은 사람들이 드론을 만들어 판매하고 있지만, 이 중에서도 특히 눈에 띄는 것들이 있게 마련이다. 리모컨으로 조종하는 대신 고프로GoPro, 작은 고화질의 카메라 브랜드 카메라를 장착해서 드론을 타고 날아다니듯이 아이패드로 조종할 수 있다. TED 강연에서는 드론 위에 긴 막대를 놓고 이 막대가 떨어지지 않도록 스스로 중심을 잡는 것도 소개되었다.

많은 사람들이 따라할 수 있는 공유된 지식으로 90퍼센트를 채운 후, 그 위에 10퍼센트를 무엇으로 어떻게 더하느냐에 따라 혁신적이라는 얘기를 듣게 될 수도, 그렇지 않을 수도 있다. 혁신적이라는 말을 듣게 된다면 세간의 주목을 받게 된다. 나만의 10퍼센트가 독특하고 개성이 강할수록 팀에서든 사회에서든 중요한 키스톤의 역할을 할 수 있게 된다.

끊임없는 반복에 의한 개선이 10퍼센트의 차이를 만든다

10퍼센트의 차이가 운명을 좌우하지만, 그 10퍼센트를 만들어내는 것은 한순간의 아이디어가 아닌 경우가 많다. 지난 10년간 내가 배운 가장 큰 교훈은 바로 '끊임없는 반복에 의한 개선'이다. 어떤 목표를 설정하는가도 중요하지만, 그 목표를 이루어낼 확률을 높이는 방법은 바로 '끊임없는 반복에 의한 개선'인 것이다. 전혀 새롭지 않은 말이지만, 이것이야말로 오늘날 최고의 기업인 구글을 만든 가장 중요한 전략이라고 할 수 있다.

그 전략이 구글을 효율적으로 돌아가도록 만들었고, 혁신을 불러일으켰고, 끊임없는 제품의 론칭을 가능하게 했다. 이 '개선'은 구글러가 가장 효과적으로 능력을 키우고 스스로 발전하도록 만들어주는 방법이다.

구글 서비스 중에는 이메일·지도·뉴스와 같이 이미 있는 것을 바탕으로 구글만의 혁신을 더해 새로운 제품을 만든 경우가 많다. 이러한 프로젝트는 하나의 공통점에서 시작한다. 바로 검색이다.

구글 지메일을 보자. 기본 이메일 개념에 검색 기능을 더했다. 개인별 이메일들을 모두 색인(검색 대상 문서에서 색인어를 추출하는 과정)하는 검색과 똑같은 과정을 거치는 것이다. 구글 지도 역시 마찬가지다. 지구 전체를 대상으로 하는 어마어마한 양의 위치 정보와 주소, 지역 정보 데이터에 검색엔진을 그대로 적용한 것이다. 구글 뉴스도 기술적으로는 검색이 주요 기능이다. 내가 야후에서 검색팀과 뉴스팀을 모두 맡고 있을 때, 검색은 검색대로 뉴스는 뉴스대로 이들은 서로 상관없는 서비스였다.

국내외 여러 서비스들 역시 각각의 서비스들에 검색 기능을 추가한 것이다. 그런데 구글의 모든 서비스는 검색이 핵심이고 그 위에 각각의 서비스가 지닌 특징이 더해진다. 뉴스도, 지도 서비스도, 이메일도 데이터가 많아지면 결국 사용자들에게 가장 절실한 것은 있는 것을 잘 찾아주는 검색이기 때문이다. 구글검색이라는 최고의 기술을 바탕으로 끊임없이 작은 개선을 더하면 그것이 바로 혁신인 것이다.

다른 예로 구글 서비스 중에 아트 프로젝트Art Project라는 것이 있다. 최고의 예술기관과 협력하여 유명 미술관이나 박물관의 작품과 유물들을 온라인으로 감상할 수 있게 한 무료 프로젝트다. 우리나라의 국립중앙박물관 작품도 서비스되고 있다. 이 서비스에서 재미있는 것은 전세계 60개가 넘는 박물관과 미술관을 실제로 돌아다니는 것처럼 모든 전시물들을 관람할 수 있다는 사실이다. 이 서비스에 사용된 기술은 다름 아닌 구글 지도에서 사용하는 '스트리트 뷰'다.

지도와 아트 프로젝트는 아무런 관련이 없는 서비스들이지만, 지도 서비스에 스트리트 뷰 기술과 자원을 가지고 와서 아트 프로젝트에 적용시킴으로써 사용자에게는 아주 새로운 형태의 서비스를 제공하게 되었다. 이런 기술을 아트 프로젝트를 시작하면서 만들기란 어려운 일이다. 있는 기술을 이 프로젝트에 맞게 개선하는 것이 더 효율적이다.

아주 단편적인 예에 불과하지만, 구글의 서비스들은 대부분 이러한 재사용을 기반으로 효율적으로 이뤄진다. 지금까지 만들어둔 기술이나 문화에 혁신적인 아이디어와 새로운 문화를 더 빠르게 입혀가는 것이다.

혁신도 점차적인 개선의 결과다

IT 분야에서는 '혁신'이라는 말이 많이 쓰인다. 기업이든 개인이든 대박의 꿈을 이루려면 이 혁신이 반드시 필요한 것처럼 느껴진다. 점점 더 많은 사람들이 정보를 쉽게 얻고 원하는 것을 쉽게 만드는 세상이 됐다. 특히 소프트웨어 분야는 순식간에 아이디어를 현실화시킨다. 대학생이나 직장인뿐만 아니라, 고등학생들도 스마트폰 앱을 만들어내고 있다. 기술의 장벽이 낮아졌고, 누구든지 관심을 가지면 배워서 만들 수 있다. 그리고 만드는 과정에서 더 많이 배울 수 있다. 그래서 전문가들뿐 아니라, 전세계의 다양한 연령의 사람들이 비슷한 생각을 하고 이를 만들어낼 수 있게 되었다.

하지만 경쟁이 심해진 것은 아니다. 무대가 넓어진 것이다. 그 큰 무대는 더 많은 사람들이 같이 어울릴 수 있는 기회이기도 하다. 그런데 비슷한 생각을 가진 사람들이 모두 공유된 지식만 사용하고, 거기서 혁신을 이끌어내지 못한다면 큰 무대를 활용하지 못하는 셈이다.

그런데 가장 혁신적인 것이라고 하는 것조차도 어느 날 갑자기 획기적으로 세상에 나온 것이 아니다. 매일매일의 연구와 반복된 노력을 통해 점차 개선해나간 결과물인 것이다.

야후의 CEO 마리사 메이어Marissa Mayer가 2006년 구글검색팀의 부사장으로 재직할 때 스탠퍼드대학에서 강연한 내용을 소개한다. 이 강연은 구글의 혁신은 한 번에 만들어진 것이 아니라, 보잘것없는 것에서 시작해서 끊임없이 개선해나가고 사용자에게서 배우면서 완성되는 것임을 잘 설명하고 있다. 이는 구글의 8년 전 철학을 소개한 강연이지만, 내가 겪고 경험한 바에 따르면 지금도 다르지 않다.

혁신은 한 번의 완벽함이 아니다. 내 생각에는 구글이 이제까지 해온 것처럼 사용자의 기대치를 잘 관찰해야 한다. 왜냐하면 우리가 뭔가를 론칭할 때 사람들은 처음에 보통 "흠······, 이거 좀 별론데"라고 말한다. 그렇다. 우리가 론칭한 것들은 대개 훌륭하다고 생각되지 않는 뭔가 시시하고 작은 것들이었다. 그러나 문제는 반복이다. 당신은 뭔가를 론칭했을 때 실수를 빨리 깨닫고, 그 제품을 사용하는 이들에게서 배우고 개선하는 것을 반복할 수 있어야 한다. 애플과 마돈나를 보자. 1983년에도 그랬지만 지금까지도 사람들이 아주 혁신적이고 창의적인 대상으로 생각한다는 것은 놀라운 일이다. 어떻게 하면 그렇게 될 수 있을까? 나는 이렇게 대답하겠다. 그들은 항상 완벽하지는 않았다. 그들도 많은 혼란을 겪었다. 애플도 뉴턴Newton, 애플이 제작한 개인 정보 단말기로 1998년에 단종되었다을 만든 적이 있고, 마돈나도 성인용 책에 나왔었다. 그들은 수많은 논쟁에 휩싸였고 실수도 저질렀지만, 그 상황을 벗어날 수 있었던 것은 그들 스스로 그런 실수를 반복하지 않고 좋은 모습을 다시 보여주었기 때문이다.

기업도 마찬가지다. 실수를 만회할 수 있는 길은 그것을 더 개선하여 좋은 제품으로 만들어서 보여주는 것이다. 구글 서비스 중에 그런 것들이 많다. 구글 뉴스의 경우 당시 론칭 일정이 늦어지면서 며칠의 여유 시간이 생겼었는데, 그 시간 동안 새로운 기능을 넣자는 의견이 있었다.

미팅에 참여한 여섯 명은 날카로운 논쟁을 벌였다. 세 명은 뉴스를 시간별로 보여주는 기능을 넣자고 했고, 다른 세 명은 지역별로 보여주는 기능을 넣자고 했다. 사람들이 최근 뉴스를 보고 싶어 한다는 주장과 자기와 관련 있는 지역의 기사를 보고 싶어 한다는 두 가지 주장 모두 나름 설득력이 있었다. 그러나 끝내 이견을 좁히지 못하고, 일단 론칭한 이후에 사용자들의 반응을 살펴보기로 했다.

론칭 당일, 그날 오후 5시까지 들어온 사용자들의 이메일 305개를 분석한 결과, 그중 300개는 시간 순으로, 나머지 중 3개는 지역별로 정렬할 수 있으면 좋겠다는 의견이었다. 사용자는 100대 1의 의견으로 아주 쉽게 결정을 내려주었다. 우리는 여기서 중요한 교훈을 얻었다. 일단 제품을 출시하고 나면 그것을 사용하는 사람들의 의견을 듣는 것이 무엇보다도 중요하다는 것이다.

구글 비디오를 론칭할 때도 마찬가지였다. 서비스의 이름은 '구글 비디오'인데, 그 이름과는 달리 단지 비디오 검색 서비스만 제공했을 뿐 비디오를 재생해서 볼 수가 없었다. 이름과는 달리 제품의 특징이 직관적이지 않았던 것이다. 그래서 우리는 반복해서 이 문제를 해결하기 위해 부족한 것을 하나씩 채워나갔다.

이런 일련의 과정들을 통해 구글을 경험한 사람들은 "와! 구글은 정말 혁신적인 제품들을 만들고 있어"라고 말한다. 사람들은 큰 그림을 기억한다. "당신은 실수한 적이 있습니까?"라는 질문을 받으면, 구글에서는 "그렇다. 우리는 매일같이 수천 가지도 더 되는 잘못된 것들을 만들지만 끊임없이 고쳐나간다"고 대답한다. 뭔가를 론칭하고 재빠르게 개선해나가면 사람들은 이러한 실수들은 잊어버리고, 그 제품이 점점 더 좋아지도록 끊임없이 노력하고 있다는 사실만을 기억하고 존중하게 된다.

나를 조금씩 개선해 나가는
방법은 무엇인가?

●

　가장 중요한 것은 욕심을 내면 안 된다는 것이다. 일이든 공부든 '모노태스킹'이 중요하다. 한 번에 하나씩 하라는 것이다. 동시다발적으로 모두 해치우려 하면 갈팡질팡하면서 어느 것 하나 제대로 진전이 안 된다. 일을 잘하는 사람과 그렇지 못한 사람의 차이는 바로 이것이다.

　일을 잘하는 사람은 멀티태스킹이 가능하다. 그런데 가만히 들여다보면 절대로 멀티태스킹을 하는 것이 아니다. 잘 관리된 모노태스킹을 차례대로 한다고 보는 편이 맞다. 다섯 가지 일이 주어지면, 우선순위를 정한 다음 순서대로 하나씩 집중해서 일을 처리해 나간다. 바깥에서 얼핏 보니까 다섯 가지 일이 동시에 진행되는 전형적인 멀티태스킹으로 보이는 것일 뿐이다. 그렇게 모노태스킹을 차근차근 해나가는 사람이 결국 시간관리와 업무관리를 잘하는 사람이다.

절대 멀티태스킹하지 말자 그리고 기록하자

이런 차이는 회사의 상사를 보면 알 수 있을 것이다. 직장에서 승진하고 위로 올라갈수록 더 많은 종류의 일을 하기 때문에 이러한 형태의 멀티태스킹을 잘하는 것처럼 보인다. 만약 승진하고 싶다면, 일을 더 잘하고 싶다면 꼭 익혀야 할 자질 중 하나일 것이다.

전통적인 방법은 수첩을 가지고 다니면서 스케줄을 잘 조정하는 것이지만, 지금은 컴퓨터의 도움을 받아 좀 더 쉽게 같은 일을 할 수 있다. 캘린더나 스케줄러 앱을 이용해서 시간을 30분 단위로 쪼개고 그 시간대로 움직이는 연습을 하면 된다. 마치 초등학생 때 방학 동안 종이에 동그란 시계를 그려놓고 언제 일어나서 언제 밥을 먹고, 놀고, 숙제할지를 정하던 것과 같은 방법이다.

그런데 이를 그대로 실천하기란 여간 어려운 일이 아니다. 중간중간에 예상치 못한 일들이 항상 발생하기 때문이다. 그럼에도 불구하고 이를 연습해야만 습관화시킬 수 있다. 이 역시 한 번에 되는 일이 아니므로, 계속 반복해야 한다. 시간이 걸려도 이러한 업무

방식이 익숙해지면 하루에 두 시간 정도의 시간을 더 만들어낸 것 같은 효과를 거둘 수 있다.

이탈리아의 상품 디자이너인 파올로 카르디니Paolo Cardini의 3분 남짓한 짧은 TED 강연은 이 모노태스킹의 의미를 잘 전달하고 있다. 그는 요리하면서 전화를 받고 문자도 보내고 이메일도 확인하다가 음식을 다 태운 사진을 보여준다. 멀티태스킹의 결과를 단적으로 보여주면서 모노태스킹의 여유를 강조하고 있다. 그리고 우리가 그동안 잊고 있었던 가족과 친구의 말에 귀기울이는 것이 얼마나 중요한지도 말하고 있다. 짧지만 상당히 인상적인 강연이었다.

그리고 모노태스킹을 차근차근 반복적으로 해나가면서 30분 단위, 한 시간 단위로 내가 제대로 하고 있는지 나의 스케줄을 체크해야 한다. 그리고 기록해야 한다. 종이에 적든, 컴퓨터에 저장하든, 녹음을 하든 기록하는 습관을 가져야 한다. 나처럼 컴퓨터로 모든 일을 하는 사람에게도 메모는 여전히 중요한 수단이다. 뭔가 생각해야 할 일이 있거나, 큰 그림을 그려야 할 상황이 생기면, 칠판이나 종이 또는 태블릿에 적고 그려야 한다. 이때 생각나는 것들을 쭉 나열한다.

메모하는 습관은 나무를 자세히 보는, 즉 세부적인 것을 잊어버리지 않고 잘 기억할 수 있는 수단이다. 또 그림을 그려보는 습관은 멀리서 숲을 보는, 즉 전체를 이해할 수 있는 수단이다. 즉, 말로 이야기하는 순간 내가 아는 것을 한 번 더 정리할 수 있고, 남을 가르치는 순간 내 스스로 더 확실하게 이해할 수 있고, 큰 그림을 그리는 순간 내가 아는 것이 어느 정도인지를 확인할 수 있다.

리더십 전문가 존 맥스웰John Maxwell은 "95퍼센트의 사람들은 자기의 목표를 적어본 적이 없다. 그리고 적어본 적이 있는 5퍼센트의 사람들, 그들 중 95퍼센트는 자기의 목표를 이루었다"라고 말했다.

그리고 어떤 일을 하다가 문제점이 드러날 때, 무조건 처음부터 다시 시작해서 성과를 이루려고 해서는 안 된다. 지금 현재의 시점에서 문제점을 해결할 수 있는 방법을 찾아 조금씩 고쳐서 더 나은 것을 만드는 것이 바람직하다. 이는 처음부터 다시 시작하는 것과는 비교도 할 수 없을 만큼 효과적인 방법이다. 그런데 사람들은 이런 사실을 모른다. 특히 프로젝트를 처음 해보거나 경험이 적은 사람일수록 이런 개선에 의한 접근 방법을 멀리하고, 새로운 것을 찾는 경향이 더 크다. 왜냐하면 사람들은 이런 방식을 시시하다고 생각하기 때문이다. 그리고 그 정도로는 자신이 돋보이지 않는다고 여기기 때문이다.

하지만 누군가가 해놓은 일이 모두 엉터리일리는 없다. 분명히 어떤 생각을 가지고 최선을 다해서 해놓은 일일 것이다. 그러니 기존의 것들을 무시하고 무조건 새 출발하려 들지 말자. 그것은 진정한 혁신이 아니라 욕심일 뿐이다.

많은 프로젝트와 제품들이 세상에 이미 있던 것들에서 부족한 부분을 고치고 채워나간 것이듯이, 사람들에게 필요한 것을 개선하는 일은 사소한 일처럼 보이지만 큰 혁신을 불러올 수 있다.

작은 일을 해나가다보면 큰 꿈을 이룰 수 있다

큰 꿈을 가질수록 작은 일에서부터 시작해야 한다. 물리학 용어 중에 퀀텀 점프Quantum Jump라는 말이 있다. 이것은 단기간에 큰 성장이나 업적을 이루는 경제학 용어로도 사용된다. 구글은 회사를 설립한 지 15년밖에 되지 않았지만 오늘날 IT의 방향을 좌지우지하고 있다. 그야말로 단기간에 퀀텀 점프를 이룬 회사다.

구글의 성과를 외부의 시선으로 바라보면 어느 날 마술 지팡이 한 번 흔들어 다 만들어낸 것처럼 보인다. 5만 명의 구글 직원들이 전부 마술사도 아닌데 말이다. 지금의 구글은 앞서 말한 효율·개선·경쟁 등의 문화 속에서 눈에 보이지도 않는 아주 작은 것들을 끊임없이 만들어온 결과다. 구글검색은 품질 개선을 위해 1년에 2만 번의 실험을 하고 있다. 그 중 겨우 500개의 실험 결과만이 개선안에 반영된다. 즉, 한순간에 '짠' 하고 지금의 구글검색이 나온 것이 아니다.

전직 운동선수이자 작가인 루이스 호위스Lewis Hawes는 〈포브스〉에 "큰 목표를 작은 목표로 나눈다는 것이 큰 목표를 포기한다는 것을 의미하지는 않는다. 작은 것에서 시작하는 이유는 간단하다. 추진력Momentum 때문이다"라고 밝히면서 추진력과 자신감을 강조했다.

다이어트로 10킬로그램을 빼겠다는 목표를 세웠다면 "우선 일주일에 한 번은 건강식으로 아침을 먹겠다"는 작은 일부터 시작해야 한다. 마찬가지로 창업을 하겠다는 목표를 갖고 있다면 "일단 한 명의 사업가를 만나 그의 이야기를 들어보겠다"라는 작은 일부터 실천해야 한다.

디지털 세상의 부작용 중 하나가 작은 성취를 무시하고 대박의 꿈을 가지게 만드는 것이라고 생각한다. 이따금씩 신문에서 소개되는 벤처 신화가 우리 젊은이들의 꿈과 목표가 되어서는 안 된다. 그런 사람들의 성공 뒤에는 상상도 할 수 없는 노력이 있었음을 잊지 말아야 한다. 성공이 아니라 감춰진 노력과 흘린 땀을 보고 배워야 한다는 것이다. 수백 억의 대박 신화만을 쳐다보고 있으면 안 된다.

내가 하는 일이 아무리 작은 일이라 해도 반드시 의미가 있음을 알아야 한다. 그 의미를 모르면 스스로를 작은 존재로 만드는 것이며, 이는 일을 하며 느낄 수 있는 행복을 포기하는 것이다. 그 작은 일조차도 제대로 하지 못한다면, 어떻게 행운을 붙잡고 성공을 이룰 수 있겠는가?

왜 행복하게 살아야만
성공할 수 있는가?

●

 나는 아이들이 잠들면 조용히 샤워를 마친 후 편한 실내복으로 갈아입고 잠자리에 들 준비를 한다. 그런데 내가 향하는 곳은 침실이 아니라 회사다. 집에서 5분 거리에 있는 다른 팀들이 일하는 구글 캠퍼스 중 한 곳으로 가는 것이다. 거의 밤 아홉 시쯤 되는 시간이다.
 건물 1층의 비어 있는 회의실이나 소파에 앉아 노트북을 열면 일할 준비는 끝난다. 그리고 복도 어디에나 놓여 있는 커피머신에서 원두를 갈아서 내린 에소프레소에 스팀한 우유를 붓고 거품을 살짝 올린 카푸치노 한 잔이면 더 없이 완벽하다. 그리고 일을 시작한다. 집보다는 회사가 아무래도 집중이 잘 되고, 밤에는 조용해서 더욱 일하기 좋기 때문이다. 그렇게 두세 시간 이상 집중해서 일한

다음 조용히 집으로 돌아와 겉옷만 벗고 그대로 침대에 눕는다. 내가 좋아하는 일상이다.

나는 내 침실만큼이나 회사가 편하고 좋다. 그 이유는 회사가 나를 행복하게 해주기 때문이다. 사람은 행복할 때 모든 것을 더 열심히 잘할 수 있다.

유저를 행복하게 하는 방법을 행복하게 연구하는 기업

고객을 행복하게 해주는 기업은 당연히 성공한다. 앞에서도 소개한 바 있는 네스트라는 기업을 살펴보자. 보일러 온도조절장치인 쓰모스탯을 개발한 직원 300여 명 규모의 이 회사를 구글은 3조 2,000억 원에 인수했다. 기껏해야 보일러의 조절장치를 만드는 아주 작은 규모의 회사를 그 어마어마한 액수에 인수하다니, 나도 처음엔 이해가 되지 않았다. 그런데 중요한 것은 지난 50년간 사용해오던 제품을 네스트가 통째로 바꾸어버렸다는 사실이다.

쓰모스탯은 디지털 시대에 걸맞게 인터넷으로 연결되어 사람의 움직임을 감지하고, 평소 집안 온도의 패턴을 분석한다. 그리고 그 데이터들을 바탕으로 현재 가장 적합한 온도를 스스로 설정하게 만든 것이다. 그런데 이는 앞으로 집안에서 벌어질 일들의 서막에 불과하다. 3조 2,000억 원짜리 보일러 온도조절장치는 세상에 없던 물건이 아니다. 지난 50년 동안 모든 집에서 하나씩 사용하던 것에 새로운 기술을 접목시킨 것뿐이다.

구글은 회사 차원의 일이든, 개인 단위의 일이든 기존에 있는 것에서 시작하는 것이 대부분이다. 즉, 나중에는 어마어마한 혁신 제품이 된 것도 그 시작은 아주 소박한 제품인 경우가 많다. 다시 말해 모든 것이 유저를 조금 더 행복하게 하는 방법을 찾는 데서 시작되는 것이다.

면접 때부터 작은 행복을 주는 방법을 찾는 기업

모든 구글러는 면접에 참여해야 하는 의무를 가지고 있다. 누 글러의 티를 벗고 구글에 익숙해질 때쯤이면 면접 교육을 받는다. 구글의 면접은 100퍼센트 일대일 개인 면접이다. 면접 교육이 끝나고 수차례의 면접 참관을 마쳐야 면접을 할 수 있는 자격이 주어진다. 이 교육은 구글러로서 면접자들을 어떻게 하면 '구글리_{Googley, 구글스럽다 또는 구글답다의 의미}'하게 대할 수 있는지가 핵심이다. 즉, 인터뷰를 어떻게 진행해야 면접자가 최고의 실력을 발휘할 수 있는지를 배우는 것이다.

예를 들어 면접관은 가능한 한 면접자와는 마주보고 앉지 말고 90도 각도로 옆에 앉도록 교육한다. 사람은 누군가와 마주보고 앉으면 긴장하거나 경계심을 가지게 된다고 여기기 때문이다. 국내 대기업의 면접 시 면접자가 초긴장 상태로 여러 명의 면접관 앞에 앉아서 답을 하는 모습과는 사뭇 다르다.

면접자를 위한 구글의 배려는 하나 더 있다. 인터뷰가 다섯 시간씩 진행되다 보니, 대개 오전과 오후에 걸쳐서 면접하는 경우가 많다. 그래서 회사에서는 구글 내에서 그 면접자와 친분이 있는 사람이나 같은 나라 사람을 찾아 '런치 인터뷰'를 하게 한다. 런치 인터뷰는 점심을 먹으며 일상적인 이야기를 나누게 해서 긴장을 풀어주는 시간이다. 오전 내내 면접관의 질문에 답하면서 받았던 스트레스를 한 시간 동안 풀 수 있도록, 편하게 점심을 먹으면서 여유를 느낄 수 있게 하는 것이다. 면접자가 최고의 능력을 발휘할 수 있도록 긴장감을 약간이나마 풀어주고, 나아가 조그만 행복감을 선물하는 것이다.

행복해야, 성공이 따라온다는 것을 입증한 연구들

우리는 흔히 열심히 공부하고 일하면 성공할 수 있고, 그래서 성공하면 행복해질 것이라고 생각한다. 마치 수학공식처럼 말이다. 좋은 직장에 취직하고, 승진하고, 돈도 많이 벌고, 다이어트 해서 살도 빼고, 좋은 상대를 만나 결혼하고…… 그러면 행복이 따라온다고 믿고 있다. 그러나 사실은 그 반대다. 행복하게 공부하고 행복하게 일해야 성공이 따라온다.

　나의 '행복 우선' 이론을 입증할 만한 자료를 찾아보았다. 긍정 심리학을 연구하는 심리학자 숀 아커Shawn Achor는 연구를 통해 이것을 입증했다. 행복은 성공을 만들어내는 연료라는 것이다. 긍정적으로 사고하면 우리의 뇌는 더 집중하고, 더 창조적이고, 더 동기부여를 받고, 더 최선을 다하고, 더 효율을 높일 수 있게 된다는 것이다.

　미국 싱크탱크 중 하나인 미국기업연구소AEI 소장 아서 브룩스Arthur Brooks의 행복과 성공에 대한 해석도 마찬가지다. 시카고 대학에서 1972년부터 시작한 '종합사회조사General Social Survey'는 지금까지 사회과학을 연구하는 학자들이 가장 많이 사용하는 연구 자료인데, 브룩스는 이 데이터를 기반으로 다음과 같은 행복과 성공에 대한 해석을 내놓았다. "우리가 갖고 있는 능력에 열정을 더함으로써, 그리고 자신과 다른 사람들의 삶에 의미 있는 가치를 만들어냄으로써 일은 우리를 더 행복하게 만들어준다. 이것은 행복하게 일하면 성공이 따라온다는 의미이다."

　그는 이것이 추측이나 개인의 생각이 아닌 데이터에 기반해 나온 연구임을 강조한다. 그러니까 일에서 성공했다고 생각하는 사람들은 그렇지 않다고 생각하는 사람들에 비해 두 배나 더 행복하다고 답했다는 것이다. 그리고 이 차이는 소득과 상관없다고 했다.

행복하게 일할 수 있는 방법은 무엇일까

개인의 행복을 한마디로 정의할 수는 없지만, 학교나 직장에서 행복하게 공부하고 일하는 방법은 설명할 수 있다. 이는 스스로 학습과 훈련을 통해 행복해지는 방법이다.

비즈니스 리더십 전문가인 제나 구드류Jenna Goudreau는 〈포브스〉 칼럼에서 행복하게 일할 수 있는 방법들을 제시하고 있다. 그중 눈에 띄는 것은 긍정적인 사고를 연습하는 것이다. 심리학자들이 발견한 '테트리스 효과Tetris Effect'는 사람들에게 이 게임을 쉬지 않고 계속하게 한 이후에 게임을 멈추게 하면 그들의 눈에는 한동안 주변의 물건이 마치 테트리스에 나오는 모양과 색깔들로 보이는 현상이다. 그는 이 테트리스 효과를 인용하면서 행복도 마찬가지라고 했다. 늘 '긍정적으로 사고하겠다'라는 생각을 가지고 살아가면, 어떤 일이나 활동을 하더라도 그 생각이 영향을 미친다는 것이다.

흔히 직장인들이 생각하는 좋은 회사는 높은 수준의 연봉과 복지를 제공하는 회사일 것이다. 그렇다면 반대로 가장 안 좋은 회사는 어떤 회사일까? 이때는 연봉이나 복지가 기준이 되지 않는다. 그런 조건보다는 나와 맞지 않는 일, 상대하기 힘든 상사를 만난 회사가 바로 안 좋은 회사가 된다. 연봉이 불만스럽다고 당장 회사를 그만두겠다는 생각을 하지는 않지만, 상사가 나를 힘들게 하면 단 하루도 더 출근하고 싶지 않은 마음이 들게 마련이다. 나는 행복하게 일하고 싶은데, 상사를 잘못 만나서 행복하게 일할 수가 없다고 생각한다. 결국 행복하게 일할 수 있느냐 없느냐의 문제는 연봉이나 복지 등 조건의 문제가 아닌 것이다.

나는 구글검색팀의 엔지니어링 매니저 역할을 하면서 내가 팀원으로 일할 때의 경험을 항상 떠올렸다. 당연히 팀원들의 행복감을 가장 먼저 고려할 수밖에 없었다. '이 프로젝트를 어떻게 성공시킬까'보다 '이 프로젝트를 하면서 우리 팀이 얼마나 행복하게 일할 수 있을까'를 먼저 생각했다. 팀원 모두가 매니저를 상사가 아닌 역할이 다른 동료로 대할 수 있도록 노력했다. 그 결과 수많은 프로젝트를 성공시킬 수 있었다. 팀 구성원들이 즐겁고 행복하게 일할 수 있는 자리를 만들어줌으로써 나 또한 팀원들에게 감사하면서 행복하게 매니저로 일할 수 있었다.

1952년에 노벨 평화상을 수상한 알버트 슈바이처Albert Schweitzer 박사가 남긴 유명한 명언이 있다. "성공이 행복의 열쇠가 아니라, 행복이 성공의 열쇠이다. 당신이 하는 일을 사랑한다면, 당신은 성공할 것이다." 나는 늘 이 말을 되새기며 팀원들과 함께 행복하게 일하고 싶다.

어떻게 하면 일과 삶의 조화로운 균형을 이룰 수 있을까?

●

리더십 개발 코치로 유명한 조엘 가핑클Joel Garfinkle은 직업을 '사랑에 빠지는 것'으로 비유했다. 즉, 일도 처음에 시작할 때는 샴페인 그리고 꽃다발과 함께 앞으로 다가올 일에 대한 부푼 기대감을 가지고 시작하지만 시간이 지날수록 그런 흥분은 점점 사라진다.

사람이 일을 하는 첫 번째 이유는 돈을 벌기 위해서다. 그러므로 일은 하루 이틀 해보고 힘들다는 이유로 그만둘 수 있는 것이 아니다. 그런데 사람은 누구나 행복하게 살기를 바란다. 당연히 일도 행복하게 해야 한다. 그러나 안타깝게도 우리의 현실은 그렇지가 않다. 자기가 하고 싶은 일만 할 수도 없고, 일하는 것이 항상 즐거울 수도 없다.

일에 빠져드는 것, 가장 행복하게 사는 방법이다

2013년 갤럽 조사에 따르면, 미국인의 70퍼센트가 현재 자기 직업에 만족하지 않는다고 한다. 직업에 대한 불만은 어느 나라 사람이건 모두 똑같이 갖고 있는 것이다.

지난 20년 동안 긍정적인 사고 운동을 펼쳐온 토마스 앨런 Thomas Allan은 자신이 설립한 freeaffirmations.org에서 많은 사람들에게 일을 대하는 긍정적 태도에 대해 전하고 있다. "현재의 일이 즐겁고 행복하지 않다고 해서 일을 그만둘 수는 없다. 그러므로 해답은 일을 즐길 수 있는 방법을 배우는 것이다."

토마스는 일을 즐길 수 있는 여러 가지의 방법을 제시했는데 이를 몇 가지로 요약하면 다음과 같다. 첫째는 '확신'이다. 즉 내가 하는 일에 대해 확신을 가져야 한다. 둘째는 정신없이 바쁘게 일하다보면 행복을 느끼게 된다는 것이다. 셋째는 내가 지금 일을 잘하고 있다고 생각해야 한다는 것이다. 그리고 마지막으로 동료들과 같이 일하는 것을 즐겨야 한다. 결국 가만히 있으면서 일이 즐겁기를 바라지 말고, 일에서 행복을 느낄 수 있도록 스스로 노력하라는 의미다. 일에서 행복을 느낀다는 것은 그 일에 내가 빠져 있다는 것이다. 나의 모든 에너지를 집중하면 바로 일에서 행복을 느끼는 순간이 찾아온다.

우리는 내가 왜 바쁜지 모르고 지나가버리는 시간이 적지 않다. 금요일 오후 마지막 일을 마무리한 후 지난 일주일 동안 내가 무슨 일로 어떻게 바빴는지, 회사에서 또 회사 밖에서 해온 일에 내가 얼마나 빠져보았는지 생각해보자. 우리는 하루, 일주일, 한 달, 일년, 그렇게 나이 들어 정년퇴직할 때까지 일을 해야 한다. 인생 중 대부분의 시간을 직장에서 일을 하면서 보내는 셈이다. 그런데 일하는 데서 즐거움을 찾지 못한다면 얼마나 불행한 일인가. 또 일이 즐겁지 않은데 어떻게 성공을 꿈꿀 수 있겠는가?

지금 당장 이번 일주일을 어떻게 보내겠다고 결심해보자. 일년이 아니다. 결심을 했다면 일주일 동안 일에 몰입하기 위해 노력하고 또 노력해보자.

심리학자 미하이 칙센트미하이Mihaly Csikszentmihalyi는 TED 강연에서 '몰입 경험Flow Experience'에 대한 연구를 소개했다. 그는 자발적으로 어떤 일에 빠져 있는 상태를 몰입 경험이라고 불렀다. 그리고 사람은 누구나 무언가에 빠져 있을 때, 즉 몰입해 있을 때 즐거움을 느낀다고 했다.

화장품 회사 더바디샵The Body Shop의 창업자 아니타 로딕Anita Roddick은 칙센트미하이 교수의 인터뷰에 참가해 "인생의 95퍼센트를 일을 하면서 보내는데, 열정과 즐거움을 가지고 있지 않다면 너무 안타까운 일이다"라고 했다.

일을 하는 동안에 최선을 다하고 몰입하는 것이 일종의 열정이라는 것이다. 그런데 일에 빠져들면 일에서 행복을 찾을 수 있다는 말을 잘못 해석해서는 안 된다. 일이 너무 많고 바빠서 뭘 하는지도 모르게 정신없는 시간을 보내는 것은 일에 몰입하는 것과는 전혀 다른 이야기다.

어디에서나 구글러처럼 살면 멋지게 살 수 있다

구글에 오는 한국 방문객들은 회사 내의 짐Gym, 휘트니스센터을 둘러보고는 종종 나에게 이런 질문을 한다. "업무시간에도 저렇게 운동을 해요?"라고. 그런 질문을 받을 때면 나는 전통적인 기업들과 구글의 차이를 바로 느낄 수 있다.

나는 예전에 수년 동안 오전 11시면 어김없이 짐에 운동을 하러 갔는데 그곳에서 아밋 싱할Amit Singhal을 종종 만났다. 그는 구글 검색팀의 수석 부사장, 즉 최고 책임자다. 그러니까 내가 속한 부서의 최고 직속상관이다. 하지만 근무시간에 짐에서 상사를 만나도 별다를 게 없다. 운동 중에 서로 헉헉거리면서 이런저런 대화도 나누곤 했다.

'업무시간'에 짐에서 운동하는 구글러가 부러운가? 구글러들은 업무시간에 거리낌 없이 운동을 하는 것처럼 일주일 내내 즉, 168시간 동안 '거리낌 없이' 업무를 한다. 새벽 한두 시에도 업무적인 메일을 날리면 수십 개의 댓글이 붙고, 토요일 아침 스키장에서 올린 보고서에도 점심시간쯤 되면 어마어마한 양의 답변이 올라온다. 24시간 내내 메일함을 확인하는 것이다. 출장길에 공항에서도 메일을 보내고, 명절에 고향에 내려가서도 프로그램을 작성하고 문제점을 고치는 것이 일상이다. 하지만 절대 마지못해 하는 일이 아니다. 내가 그 일의 주인이고 나 스스로 하고 싶어서 하는 일이다.

어느 구글러와 일과 삶의 균형에 대해 얘기를 나눈 적이 있다. 그는 정시에 칼퇴근하고 그 이후에는 전혀 업무에 관심을 갖지 않는 것을 일과 삶의 균형이라고 보지는 않았다. 아무리 바쁘게 일을 하고 업무량이 많더라도, 내가 정말 하고 싶거나 해야 하는 것들을 자유롭게 할 수 있는 것, 그것이 바로 일과 삶의 균형이라는 결론을 내렸다. 구글러들은 일과 삶의 밸런스를 시간 개념으로 구별하는 것이 아니라, 자유로움과 자기 결정력에 따라 구별한다.

스스로 자기 길을 만들어가는 사람이 되라

세계 곳곳의 사람들이 구글을 방문한다. 나는 그들의 방문 소감을 종종 보게 된다. 그중에는 '알록달록한 인테리어, 다양한 메뉴의 공짜 식사, 근무시간에 운동을 하는 것'에 놀라움을 드러내는 글이 꽤나 많다. 하지만 내가 생각하기에 가장 구글을 제대로 보고 돌아간 사람들의 방문기는 따로 있다. 그것은 바로 직원들이 어떤 일을 하든 눈치 보지 않고 스스로 판단할 수 있도록 배려하는 구글의 경영방식을 언급한 글이다.

구글의 경영방식을 아이의 훈육방식과 비교해 생각해본 적이 있다. 부모님이 엄격해서 아이의 모든 것을 통제하고 지도하는 집과 아이를 믿고 스스로 판단하게 하는 집의 차이다. 각각 장단점이 있겠지만 구글은 후자다. 그런데 현실을 보면 부모님이나 학교의 통제를 받으면서 자라는 경우가 많다. 그러나 지금 이 책에서 소개한 토종 한국인 구글러들은 어린 시절에 많은 것을 스스로 알아서 했거나 할 수밖에 없었던 사람들이다. 그런 점이 자연스럽게 구글의 문화와 어울리게 된 것이 아닌가 싶다.

학원과 과외, 부모님의 철저한 스케줄 관리 하에 공부하고 자라난 경우라면 구글에 입사하기도 힘들겠지만, 구글러가 된다고 해도 구글 안에서 길을 잃어버리기 쉬울 것이다. 왜냐하면 구글은 직원들에게 업무의 대부분을 스스로 판단하고 추진할 수 있도록 맡겨버리기 때문이다.

스스로 맵을 그리고 그 맵에 따라 노력하면 많은 것을 얻을 수 있지만, 자기에게 주어질 역할을 가만히 기다리고만 있으면 아무것도 얻을 수 없다. 물론 이 이야기가 구글에만 해당하는 것은 아닐 것이다. 세계 어느 기업에서도 일정 부분은 적용되는 이야기다.

누구의 눈치도 보지 말고, 행복으로 가는 길을 보라

직원이 5만 명인 구글을 한 문장으로 표현하라고 하면 '5만 개의 레고 조각으로 만든 자동차'라고 하겠다. 사람들은 그 자동차 속에 들어가 있는 각각의 조각들을 보는 것이 아니라 자동차 그 자체를 볼 것이다. 각각의 레고 조각들은 어찌 보면 모두 엑스트라일 수도 있다. 누구 하나 주인공이라고 할 수 없다. 그러나 그 각각의 조각들이 자신의 위치에서 제 역할을 하고 있기 때문에 구글은 멋진 자동차로 보일 수 있는 것이다. 각자 하나의 레고 조각으로서 제 역할을 해내기 위해 우리는 공부를 해야 하고 능력을 쌓아야 한다. 그리고 다른 조각들과 완벽하게 조화를 이뤄야 한다.

최고의 명문대를 나와야만 그 역할을 해낼 수 있는 것이 아니다. 대신 각기 다른 모양·색깔·크기를 가져야 한다. 모두가 똑같은 조각이라면 절대 자동차를 만들 수 없다. 다른 모양·색깔·크기의 레고 조각이 되기 위해서 다양한 경험과 나만의 경쟁력을 가지는 것이 필요하다.

라즐로 벅 구글 채용팀 수석 부사장의 구글 채용기준에 대한 인터뷰를 보자. "학교 성적이나 그 밖의 시험점수들은 구글 채용기준에서 아무런 의미가 없습니다. 그런 것들은 우리에게 아무것도 알려주지 못합니다…… 지난 수년간 대학 졸업장이 없는 직원의 수가 꾸준히 늘어가고 있으며 어떤 팀은 그 비율이 14퍼센트나 됩니다. 구글에서의 많은 직무가 수학·컴퓨터·프로그래밍 능력들을 요구하기 때문에 이런 분야에서의 우수한 성적은 이점으로 반영될 수 있습니다. 그러나 우리가 그런 것들만 보는 것은 아닙니다. 훨씬 다양한 면을 평가합니다."

최고의 인재들만 모인다고 알려진 구글에 대학 졸업장이 없는 직원의 수가 이렇게 많다는 사실은 무엇을 의미하는가? 과연 이것은 구글만의 이야기인가?

성철과 동휘 그리고 원구는 구글에서 모두들 뛰어난 소프트웨어 엔지니어로 일하고 있지만 그들이 걸어온 길은 아주 다르다. 그리고 인혁과 창현 역시 컴퓨터와 인터넷에 매료되었지만 그들은 엔지니어가 아닌 검색 분석가로서 구글검색 기술을 개발하는 데 기여하고 있다.

이 친구들과 나는 남들이 인정하는 최고의 명문대학을 나온 것은 아니지만, 우리 스스로 인정하는 최고의 교육을 받았다. 그리고 최고의 멘토를 만났고, 최고의 노력을 해왔기에, 지금 최고의 직장에서 더 큰 미래를 꿈꾸며 일할 수 있게 되었다.

우리들은 모두 지금까지 대박을 꿈꾸거나 쓸데없는 경쟁심을 가진 적이 없다. 그저 스스로의 역할을 충분히 해낼 수 있는, 더 나은 나를 만들기 위해 꾸준히 노력한 것이 전부이다. 처음부터 구글이라는 회사가 목표였던 것이 아니라, 스스로 각자의 방법으로 최고의 실력과 경험을 쌓았기에 많은 사람들이 꿈꾸는 구글이라는 회사에서 일하게 된 것뿐이다.

  행복으로 가는 길은 나의 환경이 어땠느냐가 아니라 내가 나 자신의 성장을 위해 어떤 노력을 해왔느냐에 따라, 내가 걸어갈 수 있는 길이 될 수도 있고 그렇지 않을 수도 있다.

스펙이 아니라,
미래에 필요한 자질을 갖춰라

●

영국 〈가디언〉에 행복과 생산성에 대한 경제학자들의 흥미로운 연구 결과가 소개되었다. 그 연구를 이끈 워릭경영대학원의 앤드류 오스왈드Andrew Oswald 교수는 행복한 사람일수록 생산성에 긍정적인 효과가 나타나고, 긍정적인 감정은 사람을 활기차게 만든다고 했다.

이와 같은 결과는 남자와 여자 모두 같았으며, 보다 행복하게 일하는 사람은 그렇지 않은 사람에 비해 12퍼센트 정도의 더 높은 생산성을 보였다. 반면 최근에 불행한 일이 있었거나 행복하지 않다고 느끼는 사람들은 그렇지 않은 사람에 비해 10퍼센트의 낮은 생산성을 보였다고 한다.

행복해야 일을 잘할 수 있다는 연구 결과들

행복과 생산성의 관계는 우리의 일상에서도 찾을 수 있다. 간밤에 열이 나서 밤새 울던 아이를 엄마와 함께 병원에 보냈다면 남편은 회사에서 일에 집중하기가 쉽지 않다. 당연히 그날의 업무 성과는 좋지 않았을 것이다. 반면 팀에서 고민하던 문제를 해결해서 팀원들의 칭찬을 듣는다면 그는 더욱더 열심히 집중해서 일할 것이다. 한 번 목표를 달성한 경험이 있는 사람은 그 다음 목표를 이루기가 훨씬 더 쉽다. 앞서 성취감을 맛보았기 때문이다. 내가 해냈다는 성취감, 그것이 나를 행복하게 만든다. 그래서 그 다음 도전에 더 즐겁게 몰입할 수 있는 것이다.

긍정 심리학자 숀 아커는 TED 강연에서 행복해야 생산성이 높아진다는 연구 결과를 발표했다. 긍정적인 상태의 두뇌는 부정적이거나 중립적이거나 스트레스를 받은 상태일 때보다 31퍼센트나 생산성이 더 높았다. 구체적으로 보자면 세일즈맨은 37퍼센트의 판매량 늘어났고, 의사는 19퍼센트나 빠르고 정확한 진단을 내렸다.

우리가 긍정적인 생각을 하고 행복감을 느낄수록, 우리의 두뇌는 더 열심히 그리고 빠르게 움직인다. 사람이 행복을 느낄 때 나오는 신경전달물질인 도파민Dopamine에는 두 가지 기능이 있다. 하나는 행복감을 높여주는 것이고, 다른 하나는 뇌의 모든 학습 장치를 작동시켜 다른 방법으로 세상을 받아들이도록 하는 것이다.

아커는 어떻게 하면 사람의 두뇌에 더 긍정적인 영향을 미치게 할 수 있을지를 연구했다. 그리고 21일 동안 매일 하루 2분씩 감사한 일 세 가지를 기록하면 두뇌를 더 긍정적이고 성공적으로 움직일 수 있게 된다는 결론에 도달했다. 이 실험은 많은 회사를 상대로 진행했는데, 21일 이후 두뇌는 세상을 보다 긍정적인 시각으로 바라보는 패턴을 가지게 되었다고 했다. 이 시간 동안 긍정적인 일들을 생각함으로써, 두뇌는 긍정적인 경험을 한 번 더 겪게 되는 셈이다. 아커는 이런 연습으로 두뇌와 행동을 단련시킬 수 있다고 주장했다.

자신이 하고 싶은 것을 꼭 하는 사람이 더 큰 것을 얻는다

야후와 구글에서 일하면서 나는 자기 일에 열심인 사람들은 몰두할 만한 또 다른 비밀병기를 하나씩 갖고 있다는 것을 발견했다.

야후에서 같이 일한 매우 내성적인 성격의 동료가 있었다. 그는 말수가 거의 없었고 부끄럼도 많은지라 동료들은 그에 대해 아는 것이 별로 없었다. 그런데 알고 보니 그는 전문 산악인 수준의 등반을 즐기고 있었다. 그의 책상에는 전문 산악인들이나 오를 수 있는 알래스카에 있는 산을 등반한 사진이 있었다. 회식 자리에서 이 사람의 이야기는 단연 화제였다. 그의 이런 특별한 능력은 업무와는 전혀 상관이 없지만 그를 돋보이게 만드는 비밀병기 중 하나였다.

야후에서 만난 또 다른 동료는 특이하게도 탁구 면접을 보았다. 이 친구의 이력에 '중학교 시절 탁구선수'였다는 사실이 기재되어 있었기 때문이다. 그는 야후에서 가장 탁구 실력이 뛰어난 직원과 사무실에 놓인 탁구대에서 멋진 게임을 했다. 그는 승패에 상관없이 강한 인상을 남겼고, 탁구로 인해 이미 여러 동료들과 친해진 상태로 야후에 입사하게 되었다. 물론 그가 탁구를 잘 친다는 것이 입사에 중요한 영향을 미친 것은 아니다. 다만 어린 시절 무엇이든 한 가지에 푹 빠져서 열심히 해본 그 경험이, 그를 빛내주는 자산이 된 것일 뿐이다.

나는 직장생활을 처음 시작했을 때 월급의 대부분을 승마 배우는 데 할애했다. 한국에서 승마는 정말 접하기 힘든 운동이다. 그런데 시골에서 태어나 소도시에서 자취생활하며 자란 나는 성장기에 어떤 취미생활도 꿈꿔보지 못했는데, 그래서인지 어른이 되어서도 항상 아쉬움이 많았다. 그래서 이제는 할 수 있는 능력이 되니 한 번 배워보자 싶어 승마를 시작했다. 이후 승마를 비롯해 하고 싶은 것들을 찾아다니며 충분히 즐겼다.

얼핏 보면 나는 경상도 사투리를 쓰는 촌스럽고 소심한 성격의, 전혀 구글러스럽지 않은 평범한 대한민국 아저씨다. 그런데 내 속에도 구글러스러운 유전인자가 있었던 것 같다. 늘 풍족하지 못한 학창시절을 보냈으면서도, 돈을 벌기 시작하자마자 제일 먼저 돈을 쓴 데가 승마라는 고급 스포츠였다니. 그것은 '일단 하고 싶은 것은 한다'는 구글러의 마인드다.

2003년 가을 미국에 온 지 일주일 만에 구글에 첫 출근을 하게 됐다. 구글은 내가 꿈꾸었던 야후 본사에서 본 그런 알록달록한 인테리어의 사무실이 아니었다. 바닥에 카펫이 깔려 있긴 했지만, 그저 그런 칙칙한 사무실이었다. 그때는 지금처럼 사무실을 꾸밀 돈이 없었던 것 같다. 어리바리했던 첫 주 동안의 일은 별로 기억에 남지 않는데 이상하게도 점심시간만큼은 생생하게 기억에 남아 있다.

건물 앞에는 항상 하얀색 식당차가 있었다. 찰리라는 주방장이 구글 직원들의 점심을 준비하는 구글 식당이었다. 그곳에서 준비된 요리는 바로 옆 잔디밭 위에 설치된 간이 텐트 안에 뷔페식으로 차려졌다. 직원들은 일회용 접시에 요리를 담아서 근처에 자리 잡고 앉아 점심을 먹었다. 그리고 바로 옆에서는 날마다 밴드의 음악이 울려퍼졌다. 드럼에 기타에 보컬까지, 흥겨운 음악을 스피커가 터져라 볼륨을 올려 틀어대니 근처에 위치한 다른 회사들의 불만이 끊이질 않았다. 그러나 불만에 대처하는 것은 회사의 몫이었고, 직원들의 점심식사는 그렇게 날마다 축제와 파티였다. 더욱 놀라운 것은 당시 회사가 돈을 벌지 못하는 상황이었고, 투자받은 돈을 그런 식으로 까먹고 있었다는 사실이다.

직원들이 점심을 먹고 있는 잔디밭 사이로 사자만한 개 한 마리가 성큼성큼 지나다녔다. 독일산 레온베르거로, 그 개는 구글의 현 부사장인 우어스 홀즐Urs Holzle의 애완견 '요스카'였다. 한번은 요스카가 며칠 보이지 않더니, 오른쪽 발에 기브스를 하고 나타났다. 모든 직원들이 자기 애완견이 다친 듯이 걱정했다. 그래서 너도 나도 어떻게 하다 다쳤는지, 괜찮은 건지, 언제 다시 걸을 수 있는지 등 끊임없이 질문을 해댔다. 대답하다 지쳐버린 홀즐은 마침내 사무실 문에 종이 하나를 붙였다. 요스카가 언제 어디서 어떤 이유로 다치게 됐고, 어떤 상태고, 어떻게 치료를 받았는지에 대한 내용이었다. 11년 전 구글은 그렇게 기술력과 즐거움과 따뜻한 정이 공존하는 그런 곳이었다.

이 회사에 다니는 동안 아무도 나의 배경이나 프로필 따위를 묻지도 궁금해하지도 않았다. 구글러들처럼 서로의 가족뿐만 아니라 애완견까지 걱정해주는 여유로운 마음을 가진 곳에서 행복하게 일하고 싶은가? 그렇다면 SKY 간판 따위에 연연하지 말고, 미래에 필요한 자질을 만드는 일에 집중하라.

"행복하다는 말은 모든 것이 완전하다는 것을 의미하는 것은 아니다. 불완전함, 그 이후의 것을 보기로 결심했다는 뜻이다."

작가 랄프 에머슨의 이 말처럼 모든 것이 불완전한 지금, 그 이후를 보면서 가자. 내가 가장 행복한 그 길로.

• 에필로그

내가 잘할 수 있는 작은 것부터 하나씩 하나씩……

환경 어릴 때 점(占)을 보고 오신 어머니가 "물가에는 절대 가지 마라" 하신 이후로 나는 소심한 성격 때문에 정말 물가 근처에도 가지 않았다. 도시에서 자란 친구들은 어릴 때 수영을 배웠다는데, 나는 시골에서 자랐는데도 개천에서 친구들 다 하는 개헤엄조차 한 번도 해보지 않았다. 해군 방위병으로 훈련받을 때도 수영은 내가 할 수 없는 것이었다. 그런데 마흔이 넘어 서울에 잠시 나와 있는 동안 수영을 배워야겠다는 생각이 들었다. **꿈** 너무 먼, 이룰 수 없는 꿈 같았다. **동기** 수영을 배우려고 한 이유는 두 아들과 안전하게 마음껏 물놀이를 하면서 놀기 위해서였다. 먼저 목표를 세웠다. 네 가지 영법을 다 잘하겠다는 목표를 세우지는 않았다. 어떤 영법으로든 일정한 거리를 수영할 수 있게 되는 것이 목표였다. 누가 구글러 아니랄까봐 나에게는 숫자로 표현할 수 있는 데이터가 필요했다. **목표** 그래서 최종 목표는 20바퀴, 즉 1킬로미터로 잡았다.

　효율 이 목표를 달성하기 위해 다시 작은 목표를 정했다. 첫 번째 목표는 우선 25미터 레인 끝까지 가겠다는 것으로 삼았다. 수

영장 물을 다 마시고 가든, 숨을 끝까지 안 쉬고 거의 실신 상태로 도착하든, 키판 없이 내 팔다리만으로 땅에 닿지 않고 반대편까지만 가면 나의 1차 목표는 달성하는 것이었다. 그 첫 25미터는 나에게 25킬로미터였다. 그리고 나는 자유형을 배우면서 석 달 만에 그 목표를 달성했다. 코치는 진도가 느리다고 구박했지만, 나에게는 수영선수의 피가 흐르는 게 아닐까 싶을 정도로 대단한 일이었다. 매번 저녁 먹기 전에 강습을 했는데, 저녁을 먹지 않아도 될 정도로 수영장 물을 들이키곤 했다. 25미터를 처음 완주했을 때의 그 성취감은 말로 다 표현할 수 없을 만큼 대단한 것이었다. **성취감** 그것은 내가 스스로 해냈기에 맛볼 수 있는 성공의 맛이었다.

개선 나는 곧 그 다음 목표를 세웠다. 쉬지 않고 한 번 터치하고 다시 출발점으로 되돌아오는 것. 무려 50미터였다. **경쟁** 그런데 이번에는 좀 더 빨랐다. 3주 만에 해낸 것이다. 여전히 물을 먹긴 했지만, 첫 번째 목표를 이루기 위해 내가 연습하고 쌓은 실력으로 간 거리만큼 되돌아오는 것은 좀 더 수월하게 해낼 수 있었다. **반복** 하지만 새로운 목표인 100미터에 성공하는 데는 다시 3개월이라는 긴 시간이 걸렸다. **멘토** 코치는 숨쉬기와 몸에 힘을 빼는 일이 가장 중요하다고 계속 강조했다. 내가 목표를 이루는 데에는 그의 코칭도 중요했다. **공부** 목표 거리를 조금씩 늘려가면서 숨쉬기, 몸에 힘 빼기, 자세교정, 다른 영법 등 거리를 늘리는 데 도움이 되는 것이라면 무조건 배웠다. 자유형을 하다가 쉬고 싶을 때는 배영과 평

형으로 수영했다. 1년 반이 지났을 때, 나는 20바퀴 이상을 쉬지 않고 수영할 수 있게 되었다. 원래 목표로 삼은 기간은 2년이었지만 1년 반 만에 해냈다.

 2년 동안의 해외출장 기간을 제외하고는 단 한 번도 강습을 빼먹지 않았다. **행복** 빼먹기 싫었다. 너무 즐거웠기 때문이다. 지금도 생생하게 기억나는 것이, 처음으로 20바퀴를 돌았을 무렵 내 팔과 다리는 내 의지와 상관없이 스스로 알아서 움직였다는 사실이다. **성공** 그때 나는 물속에서 마치 미친 사람처럼 웃고 있었다. 뭐라 표현할 수 없는 그 기분, 그 느낌. 이것이 바로 꿈을 향해 행복하게 한 걸음 한 걸음 걸어온 후에 느낄 수 있는 성공의 맛이 아닐까?

 남을 의식하면서 공부한 사람은 회사에서도 남을 의식하면서 일하게 된다. 다른 사람들에게 휩쓸려 그들이 향하는 목적지로 아무런 의지 없이 가게 되면, 사회에 나와서도 다른 사람들만 쳐다보면서 그들의 뒤만 따르게 된다. 그러면 결코 열등의식에서 벗어날 수 없다. 불행하게 살게 된다.

 내가 하고 싶은 일을 만들고, 그 일을 즐겁게 하자. 한 번의 대박을 꿈꾸지 말고, 내가 잘할 수 있는 작은 것부터 하나씩 하나씩 이루어나가자. 그러면 어느 날 웃고 있는 나를 발견할 수 있을 것이다.